이동원 목사의

# 짧은 이야기 긴 감동

## 2

# 짧은 이야기 긴 감동 II

- 초판 1쇄 발행 2000년 11월 30일
- 초판 7쇄 발행 2005년 10월 15일

- 지은이  이동원
- 펴낸이  정종현
- 펴낸곳  도서출판 누가

- 등록번호  제20-342호
- 등록일자  제2008. 8. 30
- 주소  서울시 강서구 염창동 282-19 현대아이파크상가 B 102호
- 전화  02-826-8802  팩스 02-826-8803

- 정가  10,000원
- ISBN  89-89344-07-08230

이동원 목사의

# 짧은 이야기
## 긴 감동

2

 설교에서 예화들 또는 짧은 이야기들은 설교를
우리의 삶과 관련짓는 결정적인 구성 요소들입니다.
설교에서 짧은 이야기들은 성경 말씀을 현재 우리 삶을 향한
메시지로 만들어주는 일종의 브리지 역할을 합니다.

제가 설교에서 많은 시간을 할애하는 작업 역시 이 짧은 이
야기들이라고 할 수 있습니다. 메시지가 청중들의 마음을 파
고 드는 결정적인 기능을 바로 이 짧은 이야기들이 해주고 있
기 때문입니다. 스펄전의 말대로 짧은 이야기들은 설교를 환
하게 밝혀 주는 창문과 같은 것이기 때문일 것입니다.

그러나 이 짧은 이야기 모음집은 반드시 설교가 아니더라
도, 그 이야기 자체만으로도 사람들에게 감동을 주고 있다고
믿습니다. 우리의 삶은 이제 논리와 이성만으로 움직이기에는
너무나 복잡한 면모를 지니고 있습니다. 오히려 우리 주변 사
람들에게 짧은 이야기 한편이 마치 예수님의 비유처럼 따뜻하
게, 때로는 날카롭게 다가갈 수 있는 시대를 살고 있습니다.

바로 이런 측면에서 이 짧은 이야기 모음들이 많은 사람
들의 관심을 일으킬 수 있으리라고 믿습니다. 설교 동역자들
에게는 먼저 보물을 발견한 사람으로서의 나눔의 감동을, 그

리스도인들에게는 이 책에서 만나는 이야기를 붙들고 어려운 시대를 이기는 감동을, 구도자들에게는 진리를 찾고 구세주를 만나는 감동을 선물하고 싶습니다.

그러나 대부분의 설교 예화가 그런 것처럼 저는 이 책의 저자라고 주장하지 않습니다. 차라리 엮은이라고 말하는 것이 더 타당할 것입니다.

그러나 이 책에는 적지않은 저 자신의 삶의 주변 이야기들이 들어있습니다. 누구의 삶의 이야기이든 진솔한 삶의 이야기 그 자체는 우리 모두의 이야기가 될 수 있다고 생각 합니다.

짧은 이야기 속에 들어있는 긴 감동을 나누어 드리고 싶은 마음으로 이 책을 엮어내며 이엮음의 작업에 수고를 아끼지 않으신 도서출판 누가의 섬김이, 도우미 여러분들에게도 감사를 드립니다. 또한 지난 30년간 저의 복음이야기에 귀를 기울여주신 모든 분들에게도 사랑을 드립니다.

2001년 새 봄의 만남에 이종윤 드림

목 차

## 목 차

## 목 차

제 1 부

모두가 축복 받는 용서

# 1 용서받아야 할 인간

누가 뉘게 혐의가 있거든 서로 용납하여 피차 용서하되 주께서 너희를 용서 하신 것과 같이 너희도 그리하고 ·골로새서 3:13

어느 날 존 웨슬레는 사람들에게 용서에 관한 설교를 하였습니다. 설교가 끝난 후에 그 자리에서 설교를 듣고 있었던 아주 거칠고 난폭하기로 소문난 한 장군이 웨슬레 앞에 나와서 말했습니다. "목사님, 그러나 나는 죽어도 나에게 총부리를 겨누는 사람들을 절대 용서할 수 없습니다." 이때 웨슬레는 그 장군에게 이런 유명한 말을 했습니다. "장군님, 그렇다면 장군님은 앞으로 죽어도 죄를 짓지 말아야 합니다."

존 웨슬레가 길을 가다가 한 친구를 만났습니다. 웨슬레는 그 친구가 오랫동안 어떤 사람과 원수로 지내고 있었다는 사실을 알고 있었습니다. 웨슬레가 친구에게 물었습니다. "아직도 그 사람을 미워하고 있는가?" 그러자 그는 "그럼!" 하고 당연하다는 듯 대답했습니다. 웨슬레가 이제 그만 그를 용서하고 화해하기를 권면했지만 그 친구는 죽어도 그렇게 할 수 없다고 말했습니다. "그렇다면 좋네. 그럼 계속해서 그 사람을 미워하게. 하지만 자네가 알아두어야 할 것이 있네. 앞으로 자네는 절대로 다른 사람에게 미움받을 짓을 해서는 안 되네. 혹시 그 상대가 자네처럼 용서할 줄 모르는 사람일 줄 누가 알겠나?"

# 모두가 축복받는 용서

노하기를 더디하는 것이 사람의 슬기요 허물을 용서하는 것이 자기의 영광이니라 ·잠언 19:11

존경받는 그리스도인이었던 아브라함 링컨(Abraham Lincoln) 대통령은 언제나 그를 붙들고 늘어지면서 그에게 말할 수 없는 수모와 욕을 안겨주는 정적(政敵) 한 사람이 있었습니다. 그는 사람들에게 "여러분, 우리는 고릴라를 보기 위해서 아프리카까지 갈 필요가 없습니다. 일리노이의 스프링필드에 가면 오리지널 고릴라를 볼 수가 있습니다"라며 링컨을 욕되게 하였습니다. 그가 그렇게 말한 이유는, 스프링필드가 링컨의 고향이었고 링컨의 생김새가 고릴라 같았기 때문에 빗대어 말한 것입니다.

그런데 링컨은 대통령으로 당선된 후 내각을 조직하면서 가장 중요한 국방부장관 자리에 바로 이 사람을 임명하였습니다. 모든 참모들은 링컨의 이런 개편에 충격을 받고 놀라지 않을 수 없었습니다.

참모들이 링컨에게 어떻게 당신의 적을 그런 중요한 자리에 앉힐 수 있냐고 물었더니 링컨은 이렇게 대답했습니다. "이제 그 사람이 적이 아니지 않소. 나는 적이 없어져서 좋고, 그가 나를 돕게 되었으니 내가 저 사람에게 도움을 받아서 좋지 않소. 내가 이 사람을 용서하고 중요한 자리에 임명한 것으로 인해서 내가 도대체 무엇을 잃었단 말이오?"

복수는 복수하는 사람과 복수당하는 사람 모두를 파멸시킵니다. 그러나 용서는 하는 사람과 받는 사람 모두를 축복합니다. 복수를 해서 승리를 얻는 것이 아니라 용서함으로 링컨은 진정한 승리자가 되었습니다.

✢✢✢✢✢✢

### 용서받는 기쁨

위대한 수학자요 천문학자이며 과학자였던 유명한 코페르니쿠스가 죽음을 앞에 두고 유언을 남겼습니다. 그 유언을 따라 그가 묻혀있는 묘비명에는 다음과 같은 글귀가 새겨져 있습니다.

"나는 바울이 가진 특권을 구하지 않는다. 나는 베드로에게 주신 능력도 구하지 않는다. 나는 다만 십자가에서 강도에게 주신 용서를 원한다."

우리가 인간으로서 누릴 수 있는 가장 커다란 기쁨은 용서받는 기쁨입니다.

# 사람을 변화시키는 용서

너희가 각각 중심으로 형제를 용서하지 아니하면 내 천부께서도 너희에게
이와 같이 하시리라 • 마태복음 18:35

어느 날 영국의 웰링턴 제독이 자기의 병사 가운데
서 구제불능인 병사 하나를 사형시키게 되었습니다. 그는 마지
막 순간에 이런 이야기를 했습니다.

"나는 너를 가르치려 했지만 너는 그 가르침을 받지 않았고
다시 너를 징계하여 고치려 했지만 그 징계도 너의 삶을 돌이키
지 못했다. 그리고 내가 너를 감옥에 가두기까지 했지만 너는
끝까지 반성하지 않았다. 이제 할 수 있는 일은 단 하나밖에 없
다. 그것은 너를 사형하는 길이므로 사형을 집행한다."

이때 그 병사의 친구가 갑자기 뛰어들어와 이렇게 말했습니다.

"웰링턴 제독님, 하지만 제독님이 저 병사에게 안한 것이 꼭
한가지 있습니다. 각하께서는 저 친구를 용서하지 않으셨습니
다." 이 친구의 말에 제독은 마음에 감동을 받아 사형을 취소하고
그를 용서했습니다. "용서한다. 내가 조건 없이 너를 용서한다."

그 다음부터 이 병사는 완전히 달라져 새사람이 되었습니다.
용서는 사람을 변화시킵니다.

# 4 아내의 기도

너희 관용을 모든 사람에게 알게 하라 주께서 가까우시니라 ·빌립보서 4:5

제 아내는 저보다 마음이 넉넉하고 관용이 많은 것 같습니다. 때로는 많은 인간관계를 통해 상처를 받을 수도 있을 텐데 저는 한번도 아내가 남을 비판하거나 욕하는 소리를 들어 본 적이 없습니다. 그래서 하루는 아내에게 물었습니다.

"여보, 당신은 어떻게 남에 대해 흉을 보거나 하지 않소? 싫은 사람이 한 명도 없나보오."

"왜 저라고 없겠어요. 저도 사람인데요. 하지만 싫은 사람이 있거나 저에게 상처를 준 사람이 생기면 먼저 하나님께 그를 불쌍히 여겨 달라고 기도합니다."

어느 날 외출을 하고 돌아왔는데, 아내가 울면서 기도하고 있었습니다.

"하나님, 불쌍히 여겨 주옵소서."

저는 지난번 아내와 나눈 대화가 생각이 나서 '누구를 위해 기도할까' 하고 살며시 다가가서 기도소리를 들었습니다.

"하나님, 제 남편을 불쌍히 여겨 주옵소서."

# 토마스 모어의 최후 진술

사랑하는 자들아 하나님이 이같이 우리를 사랑하셨은즉 우리도 서로 사랑하는 것이 마땅하도다 ·요한일서 4:11

「유토피아」(Utopia)를 저술한 토마스 모어(Thomas More)가 사형 언도를 받고 마지막 재판관 앞에서 최후 진술을 하게 되었습니다.

"토마스 모어, 당신은 최후의 진술을 할 수 있소."

"재판관님, 마지막으로 내가 하고 싶은 말은 천국에서 당신과 친구로서 만나고 싶다는 것이오. 당신은 지금 내게 사형을 집행했을지라도 스데반을 죽인 사울이 하나님을 만나 바울이 되어 스데반과 함께 천국에서 만난 것처럼 나도 당신을 만나길 기대합니다."

재판관은 토마스 모어의 말에 의아하다는 듯이 물어봅니다.

"어찌, 당신은 내게 그런 호의적인 말을 하오? 난 당신에게 사형을 내린 사람이오."

그러자 토마스 모어는 "주님이 내게 그렇게 대해 주셨기 때문이라오" 라고 대답했다고 합니다.

# 하나님의 긍휼

우리를 구원하시되 우리의 행한바 의로운 행위로 말미암지 아니하고 오직
그의 긍휼하심을 좇아 중생의 씻음과 성령의 새롭게 하심으로 하셨나니
· 디도서 3:5

유대인들에게는 중요한 진리를 가르치기 위해 우
화적인 이야기를 담아놓은 책이 있습니다. 이 책 속에는 하나님
께서 우주를 창조하시기 직전에 먼저 천사들을 창조하시고 그
천사들과 대화를 나누는 내용이 있습니다. 하나님께서 첫 번째
천사인 '의의 천사' 라는 이름을 가진 천사를 불러 이렇게 말씀
하셨습니다. "내가 세상을 창조하고 그 세상에서 가장 으뜸 되
는 피조물로 인간을 창조하려고 하는데 어떻게 생각하느냐?"
의의 천사가 대답했습니다. "하나님, 인간을 창조하지 마십시
오. 그 인간들은 온갖 불의로 이 세상을 더럽힐 것입니다.

하나님께서 두 번째 천사인 '거룩의 천사' 라는 이름의 천사
에게 똑같은 질문을 했습니다. 거룩의 천사는 이렇게 대답했습
니다. "하나님, 인간을 창조하셔서는 안 됩니다. 그 인간들은 이
세상을 더러움으로 가득 채워 놓고 말 것입니다." 하나님께서는
세 번째 천사인 '빛의 천사' 를 불러 또 다시 같은 질문을 했습니
다. 빛의 천사는 "하나님, 절대로 인간을 창조하셔서는 안됩니
다. 인간들은 이 세상을 어두움으로 만들고야 말 것입니다."

하나님께서는 네 번째 천사인 '긍휼의 천사' 를 불러서 또 다
시 질문을 했습니다. "내가 인간을 창조하려고 하는데 그대는

어떻게 생각하느냐?" 궁휼의 천사는 다른 천사와는 전혀 다르게 대답했습니다. "하나님, 인간을 창조하셔야 합니다. 하나님께서 인간을 창조하시면 이 세상은 불의하고 더러워지고 어두움에 잠길지도 모릅니다. 그러나 하나님, 이 불의와 더러움과 어두움 속에 있는 인간들에게 저는 기어이 그들을 사랑하시는 하나님의 사랑을 이야기할 것입니다. 그리고 그들이 새로워지고 하나님께서 기대하시는 사람들이 되도록 그들을 하나님 앞으로 인도할 것입니다."

하나님께서는 우리를 사랑과 궁휼로 돌보시며 아직 우리를 포기하지 않으셨습니다. 우리가 도저히 상대하고 싶지 않은 그 사람까지도 포기하지 않으시고 그를 향해서 다가오시고 기다리시고 기회를 주십니다.

# 1 반으로 줄어드는 고통의 비결

> 너희를 위한 우리의 소망이 견고함은 너희가 고난에 참예하는 자가 된 것 같이 위로에도 그러할 줄을 앎이라 · 고린도후서 1:7

　　미국 인디애나 주의 어떤 시골마을에 뇌질환을 앓고 있는 15세 소년 브라이언이 살고있었습니다. 그래서 브라이언은 수술을 받고 방사선 치료를 받아야만 했습니다. 수술을 받은 후에 그는 방사선 치료 때문에 머리가 다 빠졌지만 조금씩 회복되어 학교에도 갈 수 있게 되었습니다. 한 학급에 20명 정도 되는 시골학교였는데 드디어 브라이언이 학교에 가는 날이 되었습니다.

　　그런데 브라이언이 학교에 오기 전, 반 친구들은 그가 머리털이 하나도 없는 모습으로 오리라는 것을 알고 서로 연락해서 중요한 결정을 했습니다. 그 결정은 그들의 사랑하는 친구인 브라이언이 부끄러워하지 않도록 하기 위한 것이었습니다. 브라이언이 고통 속에서도 당당히 학교에 계속 나올 수 있도록 하기 위해 반 아이들 전체가 머리를 모두 밀기로 한 것입니다.

　　브라이언의 수업 첫날, 선생님이 교실에 들어와 보니 브라이언 뿐만 아니라 반 학생들 모두가 머리를 밀고 앉아있었습니다. 아이들이 머리를 깎은 이유를 알아차린 선생님은 교단에 서서 울었습니다. 그리고 모든 친구들도 같이 울었습니다. 고난의 현장에서 나눌 수 있는 최대의 위로는 바로 함께 있어주는 것입니다.

# 이심전심(以心傳心)

우리의 모든 환난 중에서 우리를 위로하사 우리로 하여금 하나님께 받는 위로로써 모든 환난 중에 있는 자들을 능히 위로하게 하시는 이시로다 ·고린도후서 1:4

　　미국에서 아주 괴팍한 성격을 가진 여류 문학가가 있었습니다. 남편은 아주 큰 사업가였는데 이 여인은 사람들을 만나지 않고 늘 집안에서 글만 썼습니다. 그녀의 인생에서 유일한 위로는 글쓰는 것과 하나밖에 없는 아들을 사랑하는 일밖에 없었습니다.

　　그런데 그 귀한 외아들이 고등학교 다닐 때에 친구들과 함께 차를 타고 여행을 하다가 교통사고로 죽고 말았습니다. 그녀는 그 충격으로 더욱 고립되어갔고 깊은 슬픔으로부터 헤어나지 못했습니다. 집안 형편이 부유해서 별별 치료를 다 받아보고 여행도 떠나 보았지만 그녀는 회복되지 않았습니다. 이제 그녀는 글쓰는 일에도 더 이상 집중할 수 없었습니다.

　　그런데 어느 한 순간 그 여인의 병이 치료되었습니다. 그 이유는 자기 아들과 같이 자동차를 타고 여행을 하다가 죽은 친구의 어머니를 만났기 때문이었습니다. 평생을 외부세계와 단절하고 살았던 이 괴팍한 여류 문학가가 처음으로 문을 열어서 이웃을 받아들였을 때 그녀는 회복되었습니다. 사람들은 너무나 궁금해서 여인에게 물었습니다.

　　"그 죽은 친구의 어머니가 무슨 말을 했기에 갑자기 당신이 다시 일어설 수 있었습니까?"

그녀는 이렇게 대답했습니다. "그분은 아무 말도 하지 않았습니다. 단지 그냥 나를 끌어안고 울더라고요. 나도 같이 울었습니다. 그리고 회복되었습니다."

고통받는 사람들에게 가장 필요한 것은 그냥 같이 있어주고 같이 울어주는 것입니다.

✦✦✦✦✦✦

치매의 마지막 증상

우리 교회 부 목사님 한 분이 얼마 전에 저한테 이런 말을 했습니다. "목사님, 치매의 마지막 단계 증상을 아십니까?"

저는 그런 이야기를 한 번도 들어본 적이 없었기 때문에 모른다고 대답했습니다. 그랬더니 이렇게 말해주었습니다. "치매의 마지막 단계 증상은 부부 사이가 갑자기 좋아지는 거예요."

그래서 저는 왜 그게 치매의 마지막 단계냐고 물었더니 그 이유가 자기 부인이 다른 사람인 줄 알고 좋아진다는 얘기입니다.

# 주를 향한 무디의 순종

오직 여분네의 아들 갈렙은 온전히 여호와를 순종하였은즉 그는 그것
을 볼 것이요 그가 밟은 땅을 내가 그와 그의 자손에게 주리라 하시고
· 신명기 1:36

이 이야기는 D. L. 무디(D. L. Moody) 목사님이 하
나님께 얼마나 순종하는 마음을 갖고 그의 일생을 살았는지 보
여주는 일화입니다.

어느 날 무디 목사님이 자신이 가르쳤던 제자이자 동역자인
R. A. 토레이 목사님과 함께 시카고의 높은 빌딩 위에 올라갔습
니다. 무디 목사님은 높은 곳에서 시카고 전경을 내려다보며 이
런 고백을 했습니다.

"여보게 토레이, 나는 하나님이 여기서 뛰어내리라고 명하
시면 지금 당장 뛰어내릴 수 있을 것 같네."

어처구니없는 말이지만 무디의 말에서 주님을 향한 깊은 순
종과 애정을 읽을 수 있습니다.

# 절대적인 순종

너희 자신을 종으로 드려 누구에게 순종하든지 그 순종함을 받는 자의
종이 되는 줄을 너희가 알지 못하느냐 혹은 죄의 종으로 사망에 이르
고 혹은 순종의 종으로 의에 이르느니라 · 로마서 6:16

어느 날 한 청년이 성 프란시스 형제회에 가입하고
자 수도원을 찾아왔습니다. 그는 형제회 회원들에게 수도원에
들어가 함께 수도하며 전도하고 싶다는 포부를 밝혔습니다. 회
원들은 이 열의가 가득한 청년을 받아들일 것인가에 대해 고심
했습니다. 그러던 중 프란시스는 마지막으로 그 청년에게 한가
지 과제를 주었습니다. "젊은이, 저기 배추가 한 포기 있는데 저
배추를 한 번 거꾸로 심어보겠는가?"

프란시스가 이런 엉뚱한 과제를 준 이유는, 청년이 상식에
맞지도 않고 자신의 생각에 합하지 않는 요구라 할지라도 영적
인 스승의 지시에 그대로 순종하는 자질이 있는가를 알아보기
위해서였습니다.

예수님의 삶을 지배했던 가장 중요한 가치관은 하나님 아버
지의 뜻에 절대적으로 순종하는 것이었습니다. 하나님께서는
오늘도 절대적으로 순종하는 사람을 찾으십니다.

# 11 말 없는 순종

종들아 두려워하고 떨며 성실한 마음으로 육체의 상전에게 순종하기를
그리스도께 하듯하여  ·에베소서 6:5

영국 런던에는 영국 성공회에 속해있는 성 바울 대성
당이 있는데 그 성당이 세워진 경위는 이렇습니다. 1600년 후
반에 런던에서 대화재가 일어나 런던 시내가 모두 잿더미가 되
었던 사건이 있었습니다. 그때 런던 시민들은 물론이고 영국 국
민 전체가 침체되어 절망과 낙심에 빠졌습니다. 이런 상황이 닥
치자  영국 여왕은 국민을 위하여 새로운 용기를 북돋아 주고
새로운 미래를 창조해주고 싶었습니다.

그래서 생각한 것이 하나님께 예배드릴 수 있는 멋진 예배당
을 짓는 것이었습니다. 여왕의 이런 마음을 알게된 영국의 한
유명한 건축가는 자신의 평생 사역으로 그 일을 자원했습니다.
그 건축가의 이름은 크리스토퍼 랜(Christopher Wren)입니다.

이런 뜻깊은 의미의 성당이 건축된다는 소문이 영국 전역에
퍼지자 수많은 사람들이 찾아와 성당의 일꾼이 되겠다고 자청
했습니다. 그 성당은 무려 35년간에 걸쳐서 세워져 드디어
1710년에 성 바울 대성당을 헌당하게 되었습니다.

그때 모든 사람들은 여왕이 그 성당을 어떻게 생각할지 궁금
해했습니다. 특히 이 성당을 설계하고 공사를 감독했던 크리스
토퍼 랜은 여왕의 반응이 몹시 궁금했습니다. 여왕은 그 완성된

성당을 보자마자 입에서 "정말 놀랍군요"라는 감탄사가 쏟아져 나왔습니다. 이 말 한마디에 크리스토퍼 랜은 이렇게 말했습니다.

"지난 35년간의 모든 수고가 가치 있었습니다. 그러나 이 엄청난 성당은 나의 설계와 감독 때문에 세워진 것이 아닙니다. 나와 함께 열망을 가지고 35년간 그대로 따라준 이름 없는 수많은 노동자들의 순종이 있었기 때문에 완공할 수 있었습니다."

# 12 피난처인 예수님

여호와는 나의 인자시요 나의 요새시요 나의 산성이시요 나를 건지는
자시요 나의 방패시요 나의 피난처시요 내 백성을 내게 복종케 하시는
자시로다 • 시편 144:2

제가 미국에서 돌아오는 비행기 안에서 갑자기 기
내를 돌아다니는 꼬마 한 명을 발견했습니다. 대여섯 살 정도
된 아주 예쁘게 생긴 여자아이였는데 아빠는 미국 사람이고 엄
마는 한국 사람인 것 같았습니다. 그 여자아이는 아주 활달한
성격 탓인지 비행기 복도에서 춤을 추고 돌아다니면서 사람들
을 쳐다보고 만져 보기도 했습니다. 저에게도 와서 얼굴을 만지
더군요. 순식간에 이 여자아이는 비행기 안의 마스코트가 되었
습니다. 그 아이는 엄마, 아빠도 잊어버린 채 뒷좌석에 탄 사람
들과 웃기도 하고 이야기도 하며 여기 저기 돌아다녔습니다.

그런데 그렇게 명랑하던 아이가 순간 기류가 이상해지고 비
행기가 흔들리기 시작하자 쏜살같이 엄마의 품으로 뛰어들어
갔습니다. 그 장면을 보면서 우리는 고통받으면 가야 할 품이
필요하다는 것을 느꼈습니다. 우리의 인생에서 감당하기 힘들
고 어려운 고통을 만날 때 달려갈 수 있는 품이 있고 모든 것을
다 말할 수 있는 대상이 있는 사람은 행복한 사람입니다. 전지
전능하시고, 사랑과 긍휼이 풍부하신 하나님 앞에 나와 자신의
심정을 내어놓기를 바랍니다.

# 나보다 한 수(手) 위이신 하나님

우리가 알거니와 하나님을 사랑하는 자 곧 그 뜻대로 부르심을 입은
자들에게는 모든 것이 합력하여 선을 이루느니라 · 로마서 8:28

제가 전도사 시절, 용인의 어느 시골 교회에서 부
흥회 초청을 받은 적이 있습니다. 저는 두렵고 떨리는 마음으로
기도와 말씀을 준비하였고, 드디어 부흥회를 인도하는 날이 되
었습니다. 그런데 첫날부터 비가 와서 예배실 이곳 저곳에 빗물
이 뚝뚝 떨어지고 있었습니다.

저는 성도들에게 "여러분, 비가 곧 그치도록 기도합시다. 여
호수아가 하늘을 향해 태양아 머무르라 했을 때 태양이 머물렀
던 것처럼 우리도 열심히 기도하면 이 비가 그칠 것입니다. 다
같이 통성으로 비가 멈출 수 있도록 기도합시다"라고 믿음으로
인도했습니다.

그런데 비는 그칠 기미도 보이지 않고 기도하면 할수록 더욱
거세게 내리는 것이었습니다. 저는 당황스럽기도 하고 이러다
비가 더 오면 체면이 말이 아니기 때문에 중간에 기도를 슬쩍
바꿨습니다. "여러분, 비가 계속 오더라도 부흥회에 지장이 없
도록 해 달라고 기도하십시오." 하나님 앞에 살짝 도(度)를 낮
춰 기도드린 것입니다.

기도가 끝난 후, 설교를 막 시작하려는 데 이상하고 놀라운
일이 벌어졌습니다. 비가 그치기는커녕 더욱 세차게 몰아치고

있는데 갑자기 많은 사람들이 성전으로 들어오는 것이었습니다. 저뿐만 아니라 그 교회 전도사님과 성도님들도 이 광경에 놀랐습니다. 알고 보니 그때가 농번기라 동네 사람들이 열심히 일하고 있다가 갑자기 비가 쏟아지니까 비를 피해 성전으로 들어온 것입니다.

그래서 그날 밤 그 마을에 사는 많은 사람들이 예수를 믿고 주님 앞으로 돌아오는 놀라운 일이 일어났습니다. 내가 기도한 대로 응답되지 않아도 나보다 나를 더 잘 아시는 하나님의 주권 속에서 모든 것이 선하게 응답되었던 것입니다.

# 14 피할 수 없는 하나님

너희가 우편으로 치우치든지 좌편으로 치우치든지 네 뒤에서 말소리가
네 귀에 들려 이르기를 이것이 정로니 너희는 이리로 행하라 할 것이
며 ・이사야 30:21

제가 수년 전 어떤 한 교회에서 새생활 세미나를
인도했을 때 일입니다. 사흘째 되는 저녁에는 도덕적인 자유에
대한 강의로서 죄가 얼마나 무서운 것이며 인간과 인간, 하나님
과 인간 사이의 화목에 대한 중요성을 설교하였습니다. 그때 집
을 가출한 한 자매가 저의 설교를 들었는데 여러 해 동안 자기
부모를 원망하며 멋대로 인생을 살았던 자매였습니다. 그런 인
생을 살았던 자매에게 인간 사이의 화목이 중요하다는 저의 설
교는 그녀의 마음에 찔림을 주었습니다.

그 후 그녀는 하나님께 기도하려고 해도 기도가 나오지 않았
고 자기의 죄악된 생활을 회개할 용기도 없었습니다. 더욱이 집
으로 돌아가 부모와 화목할 마음도 없었기 때문에 고민만 하다
가 교회 출석을 중단하였습니다. 그래도 양심에 찔림 때문에 다
른 교회로 출석을 하기 시작했는데, 제가 또 그 교회에 나타나
우연하게도 똑같은 도덕적 자유라는 제목으로 설교를 했던 것
입니다. 제발 그 내용만은 설교하지 않기를 바랬던 그 자매는
그 설교를 듣고 더욱 괴로워져 다시 교회 출석을 중단하고 방황
하기 시작했습니다.

그렇게 방황하던 중 그녀의 친구가 불광동 수양관에서 열리

는 젊은이들을 위한 수양회에 초대하여 참석하게 되었습니다. 그런데 거기서 강사로 저를 또 만나게 된 것입니다. 그 자매는 같은 설교를 들으며 마음에 찔림으로 번민하면서도 집회는 끝까지 참석했습니다. 그러나 수양회에 돌아와서도 끝까지 용기가 없어 문제를 해결하지 못하고 계속 낙심 중에 세월을 보냈습니다.

　1년이 지난 후 우연히 친구의 권유로 자매는 새생활 세미나에 참석하게 되었는데 거기서 다시 저의 강의를 접하게 되었습니다. 제발 그 설교만은 안 하길 기대했지만 그녀는 또 한번 그 말씀을 듣고는 결국 더 이상 하나님을 피할 수 없다는 결론에 도달하게 되었습니다.

　마침내 그녀는 자기의 마음을 하나님 앞에 털어놓았습니다. 비로소 그녀는 하나님께 항복을 선언하고 자기의 인생을 완전히 맡긴 후 그리스도의 보배로운 피로 씻음 받았다는 확신을 얻었습니다. 그리고 성령님께서 그 자매에게 집으로 돌아갈 수 있는 용기를 주셨습니다. 그녀는 오랜 세월 원망했던 부모를 찾아가 눈물로 용서를 빌었습니다.

　그 후 그 집안이 모두 그리스도를 구주로 영접하는 놀라운 기적이 일어났습니다. 기쁨을 이기지 못한 자매가 저에게 그 기쁨을 전화로 알려주었을 때 저도 함께 울었습니다. 그분은 어느 곳에 있든지 우주를 뒤져서라도 우리를 찾아 오셔서 "거기는 바른 길이 아니란다. 바른 길은 여기 있으니 이 길로 돌아오라. 그리고 이 길로 행하라"고 말씀하십니다.

# 15 하나님의 오묘한 섭리

나를 또 넓은 곳으로 인도하시고 나를 기뻐하심으로 구원하셨도다
· 시편 18:19

영국의 유명한 찬송 작가인 윌리엄 카우퍼(William Cowper)는 서른 두 살이 되었을 때 인생이 너무나 고통스럽다고 느낀 나머지 이런 인생을 계속 살기보다 차라리 인생을 포기하겠다는 결론을 내렸습니다. 그래서 그는 강에 뛰어내릴 작정으로 마부에게 테임즈 강을 향해 가자고 말했습니다. 그런데 이 청년의 표정을 수상하게 여긴 마부는 청년을 내려놓고는 그를 지켜보고 있다가 그가 강에 투신하려는 순간에 붙잡았습니다. 그리고는 이 청년을 향해 이렇게 격려하고 돌아갑니다. "앞길이 창창한 젊은이가 이런 일을 하면 어떻게 합니까? 그 용기를 가지고 굳세게 사십시오."

그 마부 때문에 그의 첫 번째 계획은 실패합니다. 그는 집에 돌아오자마자 다시 음독자살을 시도했습니다. 그러나 그 이웃집에 사는 사람이 우연히 그의 집을 방문했다가 그가 아직 숨쉬고 있음을 확인하고 해독제를 먹여서 살려냈습니다. 두 번째 자살에도 실패한 그는 '내가 이래서는 죽을 수 없겠구나'라고 생각하여 이번에는 면도날을 가지고 손목의 동맥을 끊고자 했습니다. 그러나 그 순간 놀랍게도 면도날이 부러지는 바람에 세 번째 시도도 실패하고 말았습니다. 그래도 그는 포기하지 않고 네 번째는 꼭 성공하리라 결심하며 목을 매달았습니다. 그러나 목을 매단 순간 또 이웃집 사람이 와서 매달려 있는 그를 발견하고는 곧 끈을 풀어 병원으로 데려가 살렸습니다. 그는 병원에서 어렴풋하게 '아, 나는 죽을 수도 없는 운명이구나!'라는 생각을 했습니다.

그러나 그의 정신적인 상태는 이루 말할 수 없이 피폐해져 정신병 징후에 시달렸고 계속해서 정신적인 고통을 당했습니다. 그렇지만 그를 사랑했던 이웃들의 배려와 손길을 통하여 교회로 초청 받았고 복음의 말씀을 통해서 그는 그리스도를 영접하고 주님을 의지하기 시작했습니다. 이때 그에게 가장 도움을 주었던 분은 "나 같은 죄인 살리신"(Amazing Grace, 찬송가 405장)을 작사했던 존 뉴톤 목사님이었습니다.

존 뉴톤 목사님은 그의 친구가 되어 늘 신앙적인 대화를 나누며 상담해주고 격려하면서 그의 믿음을 북돋아 주었습니다. 그런데 그에게도 목사님처럼 시적인 재능이 있었습니다. 자기를 양육해준 목사님을 따라 그도 자기를 구원해 주신 예수 그리스도와 하나님을 위해서 찬송시를 쓰기 시작했습니다. 그래서 쓰여진 찬송시 중에는 찬송가가 되어 전 세계 사람들에게 불리고 있는 곡이 무려 67곡이나 됩니다.

그가 쓴 찬송시 중 그가 죽지도 못하고 다시 살아난 자리에서 복음을 듣고 예수를 영접했을 때 쓴 찬송시가 있는데 "주 하나님 크신 능력"(80장)입니다. 한국 찬송가는 곡조에 맞추다보니 원 작사자의 생각이 잘 드러나 있지 않는데, 가사를 다시 번역하면 이런 내용의 찬송시입니다.

하나님은 신기한 방법으로 섭리하시는도다
그분은 경이롭게 일하시니 바다에 그분의 발자취를
남기며 폭풍우 위로 걸어가시는도다
저 깊고 깊은 생각 위에 내가 알 수 없는 신묘한
기술로써 자신의 밝은 계획을 높이 세우고 그 분의
주권적인 뜻을 이루시는도다
내 부족한 판단으로 주를 판단치 말지니 은혜로우신
그 주님을 의뢰할지라
그분의 오묘한 섭리 뒤에 자신의 미소짓는 얼굴을
숨기시는도다

# 16 불행이 곧 행복

대저 사람의 길은 여호와의 눈앞에 있나니 그가 그 모든 길을 평탄
케 하시느니라 · 잠언 5:21

배 한 척이 파선하였는데 선원 중 한 명이 아무도
살지 않는 무인도에 극적으로 도달하게 되었습니다. 그는 무인
도에서 살아나기 위해 땀흘려 나무를 모아 거의 한달 만에 살
수 있는 조그마한 오두막집을 만들었습니다. 이 오두막집이야
말로 무인도에서 이 사람이 살아가기 위한 유일한 피난처이자
안식처였습니다. 어느 날 이 사람이 먹을 것을 구하기 위해 깊
은 숲에 들어갔다가 해질 무렵 다시 자기 오두막집으로 돌아오
고 있었습니다.

그런데 어찌된 일인지 자신이 애써 지은 오두막집이 불길 속
에 휩싸여 있는 것입니다. 아무도 없는 이 고독한 섬에서 자신
이 의지할 수 있는 유일한 피난처이자 안식처인 집이 불타는 광
경을 보면서도 그는 어떠한 대책도 세울 수가 없었습니다.

그의 마음은 큰 좌절과 쓰라림으로 무너져 내려 그 자리에
그냥 멍하니 주저앉았습니다. 땅거미가 진 후 그는 나무 잎사귀
들을 모아 해변가에 가서 임시 잠자리를 만들어 잠을 청했습니
다. 오랜 날들을 땀흘리고 애써서 만든 하나밖에 없는 안식처를
한순간에 잃어버린 절망적인 가슴을 안고 깊은 고통 속에서 잠
을 청했습니다.

그런데 새벽녘쯤 갑자기 인기척 소리가 들려서 잠을 깼는데, 눈을 떠보니까 놀랍게도 배 한 척이 도착해 사람들이 막 내려오고 있었습니다. 영원히 무인도에서 홀로 살아갈 줄 알았던 그는 배와 사람들이 오는 것을 보고 기쁨의 소리를 지르며 어떻게 된 것이냐고 물었습니다. 이유를 들어보니 그들은 이 섬 앞을 지나가다가 불타는 집을 보고 '누군가 구조 요청을 하고 있구나' 하고 이 섬에 오게 되었다는 것입니다. 그 소중한 집이 불타는 것은 불행한 사건이었지만 이 불행한 사건 뒤에 이 사람을 살리기 위한 극적인 하나님의 섭리가 내재되었던 것입니다.

# 17 종된 자의 삶

인자가 온 것은 섬김을 받으려 함이 아니라 도리어 섬기려 하고 자기
목숨을 많은 사람의 대속물로 주려 함이니라 ·마태복음 20:28

　　　교회에서 일하는 일꾼들은 모두 자기가 종이라고
합니다. 그러나 이런 종 의식은 교회 뿐 아니라 사회에서도 나
타납니다. 그래서 장관도 대통령도 모두 국민의 종이라는 사상
은 기독교 사상에 근거한 것입니다. 한 나라의 대통령이 국민의
종노릇을 해야지 지배자가 되려고 하면 독재가 되어 나라가 잘
못됩니다.

　　한국 교회에서는 주의 종을 잘 섬겨야 한다는 말이 있는데
사실 그 말은 잘못된 말입니다. 이것은 유교적 영향을 받은 우
리 한국 사회 구조 때문에 그렇습니다. 그런 말 때문에 목사를
'주의 종님' 이라고 부르기도 합니다.

　　그런데 이 호칭에서 '주' 에는 '님' 자가 안 붙고 '종' 에만
'님' 자가 붙어있어 늘 부담스럽게 들립니다. 사실 정확한 호칭
으로 맞는 것은 '주님의 종놈' (?)입니다. 종은 섬김을 받는 자
가 아니라 섬기는 자인 것처럼 목자가 양을 섬기는 것이지 양이
목자를 섬기는 것이 아닙니다. 그래서 목회자와 제직들은 종으
로서 교우들을 잘 섬기도록 세움을 받은 사람들입니다. 종은 종
으로서 잘 섬겨야 하는 것입니다.

# 섬길 수 있는 자만이 다스릴 수 있다

아무 일에든지 다툼이나 허영으로 하지 말고 오직 겸손한 마음으로
각각 자기보다 남을 낫게 여기고 각각 자기 일을 돌아볼 뿐더러 또한
각각 다른 사람들의 일을 돌아보아 나의 기쁨을 충만케 하라
· 빌립보서 2:3~4

　　　　미국의 찰스 콜슨(Charles Colson)은 예수님을 알
기 전 닉슨 대통령의 보좌관으로 있다가 거듭난 후 교도소 전도
자로 다시 태어난 사람입니다. 그는 자신이 쓴 책에 미국 의회
역사상 가장 감동적인 순간에 대한 이야기를 했습니다. 그 순간
은 인도 캘커타의 고인이 되신 테레사 수녀가 미국 국회를 방문
하여 연설했던 때라고 합니다.

　미국 사람들은 대부분 연설 때 연설자에게 박수를 아끼지 않
는다고 하는데, 이상하게도 테레사 수녀가 연설을 마치자 그 누
구도 박수를 치지 않더랍니다. 오히려 침묵만이 감돌았다고 합
니다. 그들은 숨막히는 감동과 전율이 그들의 가슴과 목을 누르
고 있었기 때문에 박수를 칠 여유조차 없었던 것입니다. 그 이
유는 마지막 테레사 수녀가 던진 한 마디의 말 때문이었습니다.

　"섬길 줄 아는 사람만이 다스릴 자격이 있습니다."

# 19 황금률

남에게 대접을 받고자 하는 대로 너희도 남을 대접하라
· 누가복음 6:31

어느 날 나의 일상 생활 속에서 '황금률이 진리다'
라는 것을 체험한 일이 있었습니다. 아이들이 초등학교 다닐 때
쯤, 어느 날 갑자기 아이들이 반말하는 것이 화가 났습니다. "아
빠, 이리 와, 이것 좀 줘" 하는데 이런 생각이 들었습니다. '이
녀석들이 건방지네. 왜 우리 아이들은 무례하고 건방질까?' 하
는 생각에 "너 뭐라고 했어? 왜 아빠한테 반말해?" 그랬더니 단
번에 "왜 못 해?"라고 되묻습니다.

그때 황금률이 생각났습니다. '대접을 받고자 하는 대로 남
을 대접하라.' 그래서 순간적으로 전략을 바꿨습니다. "아니에
요. 미안해요 사실은 아빠가 얘기를 하고 싶어서 그랬어요." 그
러자 "뭔데요? 아빠" 하고 되돌아왔습니다.

남을 높이며 대접하면 나에게 높이는 대접이 돌아오고, 남을
무시하는 말을 하면 나에게 무시하는 말이 돌아옵니다.

# 하나님의 사람을 소중히 여기는 사람

아무 일에든지 다툼이나 허영으로 하지 말고 오직 겸손한 마음으로
각각 자기보다 남을 낫게 여기고 ·빌립보서 2:3

감리교 운동의 창설자인 존 웨슬레(John Wesley)
와 조지 횟필드(George Whitefield)라는 신학자는 그 당시 신
앙의 무대에 강력한 라이벌이었습니다. 두 사람은 신학적인 입
장에서 약간의 차이를 가지고 있었고 설교에 관한 한 사람들은
조지 횟필드를 더 좋아하기도 했습니다. 외부에서는 두 사람의
사이를 갈라놓으려 했습니다.

어느 날 어떤 사람이 웨슬레에게 이런 질문을 했습니다. "목
사님은 천국에서 조지 횟필드 목사님을 만날 것이라고 생각하
십니까?" 그러자 웨슬레는 뜻밖에도 이렇게 대답했습니다. "아
마 만나지 못할 걸요?" 질문을 던진 사람이 "그렇지요. 목사님
께서는 조지 횟필드 목사님의 신앙관으로는 천국에 못 간다고
생각하시죠?" 그러자 웨슬레는 웃으며 이렇게 대답했습니다.
"내 말을 오해하셨군요. 내 말 뜻은 하나님께서 보시기에 조지
횟필드는 너무나 귀한 종이라서 천국에 가면 하나님의 보좌에
서도 가장 가까운 곳에 있을 것입니다. 그래서 저는 감히 그 분
을 볼 수 없다는 말입니다."

웨슬레는 신학적인 입장 차이에도 불구하고 하나님의 사람
을 소중히 여기고 존중하는 큰 가슴을 가진 사람이었습니다.

# 21 섬기는 기쁨

범사에 너희에게 모본을 보였노니 곧 이같이 수고하여 약한 사람들을
돕고 또 주 예수의 친히 말씀하신 바 주는 것이 받는 것보다 복이 있다
하심을 기억하여야 할지니라 ·사도행전 20:35

테레사 수녀가 미국을 여행하는 중에 어느 한 자매를
만나게 되었습니다. 그 자매는 자살하고 싶은 괴로운 심정을 테
레사 수녀에게 고백했습니다. 테레사 수녀는 앞으로 어떻게 해
야 할 지 묻는 그 자매에게 이렇게 제안했습니다.

"자살하기 전에 내 부탁을 하나 들어주세요. 딱 한 달만 내가
일하고 있는 인도의 캘커타에 와서 나의 일을 좀 도와주신다면
그 다음에 당신이 어떻게 해야 될지 말씀해 드리죠."

그 자매는 테레사 수녀의 말대로 캘커타 빈민가에 가서 가난
하고 병들어 고통 당하는 사람들을 돕고 섬겼습니다. 그들을 위
해 몸 바쳐 일하다 보니까 그녀의 마음에 삶에 대한 의욕이 생
기기 시작했습니다. '여기에 나를 필요로 하는 사람들이 있구
나! 그 자매는 그들을 돕고 섬기는 데서 순수한 환희를 느꼈고
한 달 후에는 테레사의 다른 조언이 필요 없게 되었습니다. 그
자매는 그 곳에 머물러 일하면서 테레사의 좋은 조력자가 되었
습니다.

# 함께하는 삶

한 사람이면 패하겠거니와 두 사람이면 능히 당하나니 삼겹 줄은 쉽게
끊어지지 아니하느니라 ·전도서 4:12

인도의 성자 선다싱의 일화로 잘 알려진 내용입니다. 어느 날 그가 히말라야 산맥을 넘어 네팔 전도에 나섰을 때, 친구 한 사람과 같이 가게 되었습니다. 그런데 가는 도중 길가에서 추위에 떨고 있는 행인을 만나게 되었습니다. 혹독한 추위 때문에 그들도 생명의 위협을 느껴 그 행인을 도울 여유가 없었습니다. 같이 가던 친구는 그냥 가자고 했지만 선다싱은 그 사람을 그대로 두고 갈 수 없었습니다. 친구와 한참을 다투다가 결국 친구를 먼저 가도록 하고 그는 추위에 떨면서 쓰러져 있던 행인을 들쳐업었습니다.

얼마 동안을 걸었을까요. 한참동안 행인을 업은 채 산길을 걸어가다 보니 먼저 떠났던 그 친구가 길에 쓰러져 죽어 있는 것이 아니겠습니까? 그 친구는 혹독한 추위 때문에 자신의 체온을 유지하지 못하고 죽었던 것이었습니다. 그러나 선다싱은 자기가 들쳐업은 사람의 온기 때문에 오히려 땀을 흘리고 있었습니다. 두 사람의 체온이 얼어붙은 추위를 녹여 무사히 산을 넘어갈 수 있도록 한 것입니다.

# 23 결과를 예측하지 못한 선행

너는 네 식물을 물 위에 던지라 여러 날 후에 도로 찾으리라
• 전도서 11:1

바그다드라는 중동의 옛 왕국에서 어린 왕자가 강에서 놀다가 그만 거센 급류에 휩쓸려 실종되었습니다. 왕은 자기의 군대를 총동원해서 사랑하는 아들을 찾기 위해 며칠간 혼신의 노력을 다했지만 어디에서도 찾을 수 없었습니다. 그 강하류를 샅샅이 수색해도 왕자를 찾지 못한 왕은 자기 아들이 죽은 줄 알고 크게 낙망하였습니다.

그런데 뜻밖에도 여러 주간이 지난 후에야 왕자가 어느 깊은 강의 바위 위에서 살아있는 채로 발견되었습니다. 왕은 놀랍게 살아난 왕자에게 어떻게 살아있게 되었는지 물어 보았습니다. 왕자는 그때의 상황을 자세히 설명해 주었습니다. 강 위를 떠내려가다가 다행히 강 한복판에 우뚝 솟은 바위에 걸려서 바위 위로 올라올 수가 있었고 아침 저녁으로 빵이 들어있는 가죽 주머니가 떠내려와 그것을 먹고 목숨을 유지할 수 있었다는 것이었습니다.

그 빵이 들어있던 가죽주머니에는 '모하메트벳 핫산'이라는 이름이 새겨져 있었는데, 그 이름을 수색해 보았더니 강가에 정말 그런 사람이 살고 있었습니다. 이 사람이 아침 저녁으로 가죽에 빵을 담아서 강 하류로 떠내려보냈던 것입니다. 왕이 그에게 그렇게 한 이유를 물어보았더니 그는 이렇게 대답했습니다.

"우리 나라 속담에 '선행을 하라. 빵을 물위에 던지라. 그러면 그대에게 어느 날 반드시 보상되리라' 는 말이 있지 않습니까? 저는 그 속담이 사실인지 아닌지를 알아보고 싶었습니다."

자기가 물위로 떠내려보내는 이 빵 조각이 어떤 결과를 가져올 것인지 전혀 예측하지 못하고 한 선행이었지만 이것이 기대하지 않은 놀라운 결과를 가져오게 되었던 것이었습니다.

# 섬김의 자부심

예수께서 앉으사 열 두 제자를 불러서 이르시되 아무든지 첫째가 되고
자 하면 뭇사람의 끝이 되며 뭇사람을 섬기는 자가 되어야 하리라 하
시고 ·마가복음 9:35

테레사 수녀와 가까이 하는 사람들은 그녀의 순결
한 인격에 큰 감동을 받습니다. 특별히 그녀의 질투 없는 삶은
주변의 많은 사람들에게 큰 도전이 되었습니다. 어느 날 테레
사가 한 어린아이의 고름을 만지며 치료하고 있을 때 함께 살고
있던 한 분이 이런 질문을 던졌습니다.

"수녀님, 당신은 잘 사는 사람이나 편안하게 살아가는 사람
혹은 높은 자리에 사는 사람들을 바라볼 때에 시기심이 생기지
않나요? 당신은 이런 삶에 만족하십니까?"
이러한 질문에 테레사는 유명한 대답을 했습니다.

"허리를 굽히고 섬기는 사람에게는 위를 쳐다볼 수 있는 시
간이 없습니다."

## 값진 선물

너는 구제할 때에 오른손의 하는 것을 왼손이 모르게 하여 네 구제함
이 은밀하게 하라 은밀한 중에 보시는 너의 아버지가 갚으시리라
· 마태복음 6:3~4

　　어느 전도자가 길을 지나가고 있는데 거리에서 구
걸하는 걸인을 보게 되었습니다. 그는 걸인에게 돈을 주려고 주
머니를 뒤지며 걸인 앞으로 다가갔지만 마침 그의 주머니에는
동전이 한푼도 없었습니다. 차마 그냥 지나치기에는 그의 마음
에 있던 연민이 깊었습니다. 그래서 전도자는 손을 내밀어 걸인
의 손을 따뜻하게 쥐면서 이렇게 말했습니다.

　"형제님, 죄송합니다. 마침 제게 준비된 것이 없군요. 그러나
추위에 차가워진 당신의 손을 잡아드리고 싶습니다. 부디 용기
를 내어 일어나십시오. 그리고 하나님을 의지하고 새 생활을 시
작해 보십시오."

　걸인은 전도자의 말에 눈물흘리며 대답했습니다.

　"당신은 지금까지 나에게 적선한 모든 이들보다 더욱 값진
선물을 주셨습니다."

# 26 되돌아오는 소리

그러므로 무엇이든지 남에게 대접을 받고자 하는대로 너희도 남을
대접하라 이것이 율법이요 선지자니라 · 마태복음 7:12

　　　어떤 바보스러운 사람이 한 고민에 빠졌습니다. 그
의 고민은 어느 누구도 자기를 인정해 주지 않는다는 것입니다.
이 바보는 계속 고민하다가 자기의 인생을 비관하게 되었고 답
답한 마음에 산에 올라갔습니다. 그러나 산도 자기를 아는 체
하지 않습니다. 그는 얼마나 비관했는지 산에 올라가서 큰소리
로 소리를 질렀습니다.

"나는 너를 싫어한다." 그랬더니 산울림이 들려왔습니다.

"나는 너를 싫어한다." 바보는 산울림에 놀라서 산에 오른 한
사람에게 왜 산이 자신을 싫어하는 지 물었습니다. 그 분은 웃
으면서 이렇게 대답했습니다.

"그러면 큰소리로 이렇게 외쳐 보십시오. 나는 너를 사랑한다."
그 바보는 그의 말을 듣고 다시 이렇게 소리를 지릅니다.

"나는 너를 사랑한다." 그 소리가 다시 메아리로 들려옵니다.

"나는 너를 사랑한다."

# 천국에서의 만찬

함께 먹는 사람 중에 하나가 이 말을 듣고 이르되 무릇 하나님의 나라
에서 떡을 먹는 자는 복되도다 하니 ·누가복음 14:15

어떤 사람이 천국과 지옥에서 식사하는 풍경을 구경하게 되었습니다. 음식이나 환경이 전혀 다를 것이라고 생각했는데 이상하게도 천국과 지옥에서 먹는 음식은 모두 같았습니다. 그리고 굉장히 긴 젓가락을 쓰는 것도 같았습니다. 밥 먹는 시간이 되자 드디어 천국과 지옥의 차이점이 나타나기 시작했습니다.

지옥에서는 밥을 먹으려고 긴 젓가락으로 음식을 각자 자기 입에 넣으려고 했습니다. 그러나 긴 젓가락 때문에 먹을 수가 없어 서로 짜증을 내며 아우성이었습니다.

그런데 천국에서는 그 긴 젓가락으로 맞은 편에 앉아있는 사람을 다정하게 먹여주면서 식사하는 것이었습니다. 보기에도 너무도 평화롭고 즐거운 식사시간이었습니다.

이 이야기는 나보다 다른 사람을 먼저 생각하고 행동할 때 행복의 기초가 세워짐을 말해줍니다.

# 우스꽝스러운 비극

서로 인자하게 하며 불쌍히 여기며 서로 용서하기를 하나님이
그리스도 안에서 너희를 용서하심과 같이 하라 · 에베소서 4:32

　　미국에서 역사상 제일 지독한 구두쇠로 알려진 할
머니가 있었습니다. 1916년에 죽은 그 할머니의 이름은 히티
그린(Hity Green)이라고 합니다. 이 세상에 사는 동안 할머니는
얼마나 돈을 쓰지 않고 인색하게 굴었기에 구두쇠라는 소리를
들었을까요? 그 할머니는 기본적으로 사람이 필요해서 써야 하
는 것, 예를 들면 음식이 차면 데워서 먹는 것조차 전기가 든다
고 일평생을 그냥 차갑게 먹으며 살았다고 합니다.

　　그뿐만 아니라 자기 아들이 다리를 다쳤는데도 조금 있으면
나을 거라고 생각하고 병원 비용 때문에 계속 미루다가 결국 절
단까지 하게 되었다고 합니다. 그러니 더 이상 무슨 말을 할 수
있겠습니까? 그런데 더 우리로 하여금 혀를 내두르게 하는 것
은 할머니가 남긴 유산이 1억불이나 되었다는 것입니다. 삶이
너무나 가난했기 때문에 구두쇠처럼 억척스럽게 돈을 모은 것
이 아니라 할머니는 많은 돈이 있으면서도 그렇게 비참한 삶을
산 것입니다.

　　가끔 우리 주변을 보더라도 이런 할머니와 같은 삶을 사는
사람들이 있는 것 같습니다. 도리어 가난한 사람들이 먼저 더
불우한 이웃을 위해 구제의 손길을 펼치는 것을 보게 됩니다.

어쩌면 우리들도 이와 같지는 않을까요? 하나님이 주신 말할 수 없는 축복과 사랑을 가졌음에도 다른 사람들에게 구두쇠라는 소리를 듣고 있지 않습니까?

✚✚✚✚✚✚

법대로 합시다

미국에 아이언사이드(Ironside)라는 세계적으로 유명한 신학자이자 설교가인 박사가 있습니다. 어느 날 아이언사이드 박사가 교회에서 회의를 진행하고 있을 때, 갑자기 한 청년이 손을 들며 큰소리로 외쳤습니다.

"법대로 합시다." 이 말을 들은 아이언사이드 박사는 그 청년의 말에 놀라지 않고 오히려 이렇게 대응했습니다.

"여보게, 젊은이, 자네는 법대로 하는 것을 원하는가? 만일 하나님께서 당신을 법대로 다루셨다면 자네는 지금 어떻게 될 것 같은가? 아마도 자네는 지옥에 가야 마땅할 것일세."

# 3등석에 탄 사람

너희 중에 누구든지 으뜸이 되고자 하는 자는 모든 사람의 종이 되어야 하리라 · 마가복음 10:44

미국 서부 개척시대에는 많은 사람들이 주요 이동수단으로 역마차를 이용했습니다. 역마차 크기는 작아도 좌석이 세 칸으로 나뉘어 있어서 1, 2, 3등석 세 종류의 승차권을 판매하여 운행했다고 합니다. 그때만 해도 지금처럼 반듯한 도로가 아니라 포장되지 않은 길이었기 때문에 한참 달리다보면 고장이 나서 몇 번씩 정차하여 수리를 해야 했습니다. 그 순간 어느 좌석에 앉았느냐는 역마차를 탄 사람들에게 무척 중요했습니다. 왜냐하면 그때야말로 1, 2, 3등석의 차이가 나타나게 되기 때문입니다. 1등석에 앉은 사람은 고장이 나도 아무 관여하지 않고 자기 자리에 가만히 앉아있는 사람입니다. 2등석에 앉은 사람은 고장이 나면 마차에서 내려 마차가 수리될 때까지 서서 구경을 하는 사람이었습니다. 그런데 3등석에 앉은 사람은 고장이 나면 즉시 내려서 마부와 함께 마차를 수리하는데 참여하는 사람이었다고 합니다. 그래서 마부들은 출발하기 전에 누가 3등석에 앉았는지 눈여겨보곤 했답니다. 왜냐하면 3등석 승차권을 가진 사람들이 일꾼의 역할을 제대로 해줄 때 역마차가 목적지까지 도착할 수 있었기 때문입니다.

천국에서는 3등 손님이 더 귀하게 여김을 받습니다.

# 그리스도인의 참된 교제

곧 내가 저희 안에, 아버지께서 내 안에 계셔 저희로 온전함을 이루어
하나가 되게 하려 함은 아버지께서 나를 보내신 것과 또 나를 사랑하
심 같이 저희도 사랑하신 것을 세상으로 알게 하려 함이로소이다
• 요한복음 17:23

아시시의 성자 프란시스가 세운 공동체는 중세기
에 가장 유명한 공동체였다고 해도 과언이 아닙니다. 이 공동체
는 그리스도인들의 사랑이 응집되어 있기로 소문나 있었습니
다. 그래서 사람들은 그 모임을 매우 흠모하며 들어가고 싶어했
습니다. 그러나 아름다운 그리스도인들의 모임에도 인간 관계
의 위기는 언제나 있듯이 이 공동체 안에서도 인간 관계의 위기
가 있었습니다. 그 안에 모인 사람들의 사랑이 점점 식어가고
서로 냉담해져 갔던 것입니다.

그래서 수도원 사람들이 이 문제를 해결하기 위해 모였습니
다. 여러 가지의 제안들이 나왔습니다. 한 사람은 말합니다. "
우리가 예배를 게을리 했기 때문이다. 좀더 예배를 드리자." 어
떤 사람은 큰 소리로 이렇게 주장합니다. "우리 수도원의 신앙
훈련이 약화되었다. 좀더 강력한 훈련을 시작하자." 또 다른 한
편에서는 "수도원의 규칙을 강화해야만 문제를 해결할 수 있
다"고 했습니다. 이런 얘기가 오가는 동안 프란시스는 조용히
침묵만을 지키고 있었습니다.

이런 모습을 보고 있던 한 사람이 "선생님, 선생님께서는 우
리가 무엇을 해야 한다고 생각하십니까?" 라고 묻자, 프란시스

는 단순히 이런 대답을 했습니다.

"다 쓸데없는 일이네. 문제는 내 안의 교만이야. 내 안에 아직도 교만이 있단 말이야."

그 다음날 전도 여행을 떠나게 되었는데 한 필의 말밖에 없어서 프란시스가 말을 타고 다른 제자들은 걸어서 그 뒤를 따라갔습니다. 프란시스는 자기 뒤를 따라오는 제자들 중에 레오나르도라는 형제가 있는 것을 알게 되었습니다. 그 형제는 귀족 출신으로 버릇없이 자라서인지 수도원 안에서도 늘 대접받기를 원했습니다.

사실 수도원의 불화 원인도 그 형제 때문이었습니다. 프란시스는 이 레오나르도 형제가 앞서가는 자신의 뒤통수를 불쾌하게 쩨려보는 것을 느꼈습니다. 그 순간 그는 말 위에서 하나님께 기도했습니다. "하나님, 이 형제를 어떻게 하면 좋습니까?" 그러자 성령께서 그에게 어떤 메시지를 주셨습니다. 그는 말에서 내려 레오나르도 형제 앞에 무릎을 꿇고 이렇게 말했습니다.

"형제여, 맞소. 나는 말 탈 자격이 없어요. 당신이 말을 타야 하오." 프란시스의 말을 들은 레오나르도는 그 자리에 엎드러지고 깨어지기 시작했습니다. 그리고 이렇게 고백하며 통곡했습니다. "맞습니다. 선생님, 제가 그런 생각을 하고 있었습니다. 용서해 주십시오." 그 형제가 말을 탄 프란시스의 뒤통수를 째려보면서 하던 생각을 성령께서 프란시스에게 알려 주신 것입니다.

그 순간 이 일을 통하여 놀랍게도 사랑이 회복되었을 뿐 아니라 이 공동체가 복음을 위해 영광을 나타내는 놀라운 공동체로 더욱 쓰임을 받기 시작했습니다. 그 후 그 수도원에 더욱 많은 사람들이 몰려들었고 그들의 복음 증거는 강력했으며 그 가운데 영적인 진보가 이루어졌습니다.

# 31 사랑의 사귐

형제가 연합하여 동거함이 어찌 그리 선하고 아름다운고  •시편 133:1

1772년 영국 런던에는 영향력 있는 설교자인 존 길(John Gill) 목사님이 사역하는 매우 잘 알려진 교회가 있었습니다. 존 길 목사님은 평생동안의 사역을 마치고 그 교회 후임자로 시골 작은 교회에서 목회를 하던 존 휘세트 목사님을 초빙하였습니다. 작은 마을의 목회자였던 존 휘세트 목사님에게는 다시 올 수 없는 좋은 기회였습니다.

그래서 그는 이 초빙을 복음을 통해 영국 전역에 영향력을 끼칠 수 있는 가장 좋은 기회로 여기고 기꺼이 받아들였습니다. 오랜 세월동안 함께 사랑을 나누었던 교인들과 교회를 떠나는 일이 마음 아프긴 했지만, 그는 하나님의 새로운 부르심에 순종하여 짐을 싸기 시작했습니다. 모든 짐을 마차에 싣고 뜰을 나서는데 교인들이 찾아왔습니다. 떠나는 목사님을 감히 붙잡을 수 없었던 교인들이 눈물을 애써 참으며 목사님을 배웅하러 나온 것이었습니다.

이 모습을 본 사모님이 갑자기 "여보, 작은 교회지만 복음 안에서 참 아름다운 사랑의 교제를 나누었던 교인들을 두고 어떻게 떠날 수 있겠어요?"라며 울먹였습니다. 사모님의 말을 들은 목사님은 걷잡을 수 없는 마음을 참지 못하고 목사관으로 뛰어들어가 눈물을 흘리며 엎드려서 기도했습니다.

잠시 후 그는 자기 주머니에서 펜을 꺼내어 찬송시 한편을 쓰기 시작했습니다. 그것이 바로 찬송가 525장이 되었습니다.

주 믿는 형제들 사랑의 사귐은
천국의 교제 같으니 참 좋은 친교라
하나님 보좌 앞 한 기도 드리니
우리의 믿음 소망이 주안에 하나라
피차에 슬픔과 수고를 나누고
늘 동고동락하는 중 위로를 나누네
또 이별할 때에 맘 비록 슬퍼도
주안에 교통하면서 또 다시 만나리

# 화합의 요건은 온유

그러므로 주안에서 갇힌 내가 너희를 권하노니 너희가 부르심을 입은
부름에 합당하게 행하여 모든 겸손과 온유로 하고 오래 참음으로 사랑
가운데서 서로 용납하고 평안의 매는 줄로 성령의 하나 되게 하신 것
을 힘써 지키라  •에베소서 4:1~3

공동체가 하나되는 데에 가장 중요한 요건은 바로
온유한 태도입니다. 온유하지 못한 사람들의 말과 행동과 인격
으로 인하여 우리 개인과 가정, 직장, 교회가 큰 상처를 받고 관
계의 화합이 깨어지게 되는 겁니다. 남의 마음에 큰 상처를 주
고는 내 스타일은 "뒤끝이 없어요"라고 말하는 사람들이 있습
니다.

어느 날 한 부인이 빌리 선데이 목사님께 찾아와서는 "나는
화를 잘 내는 것이 큰 흠입니다. 그렇지만 오래가지는 않아요"
라고 말하였습니다. 그러자 그 목사님은 "자매님, 당신의 화는
오래가지 않지만 당신이 성냄으로 인해서 누군가의 마음에 남
겨진 그 상처는 아주 오랫동안 지속된다는 사실을 기억하십시
오"라고 말했습니다.

 중보자이신 예수님

곧 우리가 원수 되었을 때에 그 아들의 죽으심으로 말미암아 하나님으로 더불어 화목되었은즉 화목된 자로서는 더욱 그의 살으심을 인하여 구원을 얻을 것이니라 ·로마서 5:10

빌리 그래함이 한 이야기 중에 하나입니다. 어느 전쟁 중에 통신병이 중요한 연락 사항을 명령받았습니다. 그런데 모든 통신 수단이 두절되어 명령을 전달할 수 없는 상황이었습니다. 끊어진 전선을 연결하는 것 이외에는 다른 방법이 없었는데 시간도 급박하고 연결할 방법도 없었습니다.

이 급박한 절대 절명의 상황 속에서 통신병은 양쪽의 전선을 자신의 양손으로 붙잡아 자기의 생명을 걸고 마지막 메시지를 아군 지원부대로 무사히 보냈습니다. 그리고 그는 자기의 생명을 마쳤습니다.

이것은 우리와 하나님과의 관계에서 일어난 사건과 같습니다. 우리가 하나님과 원수 되었을 때에 그리스도께서 한 손으로는 하나님을 잡고 또 다른 한 손으로는 우리를 붙잡아 우리와 하나님의 관계의 소통을 가능하게 하신 중보자의 모습입니다.

# 34 사랑의 희생

범사에 너희에게 모본을 보였노니 곧 이같이 수고하여 약한 사람들을
돕고 또 주 예수의 친히 말씀하신 바 주는 것이 받는 것보다 복이 있다
하심을 기억하여야 할지니라 ·사도행전 20:35

유명한 화가가 된 알버트 뒤러의 어린 시절은 무척
가난해서 학비조차 낼 수 없는 형편이었습니다. 그는 같은 처지
에 있는 친구를 만나서 학교에 갈 수 있는 방법을 의논하던 중
에 친구가 이런 제의를 했습니다.

"뒤러야, 우리 두 사람 모두 공부를 계속할 수가 없으니 네가
먼저 학교에 가서 열심히 공부해라. 그러면 나는 식당 일을 하
면서 돈을 벌어 널 도울께. 그리고 네가 공부를 마치고 나서 나
를 지원해주면 우리 둘 다 공부를 할 수 있지 않겠니?'

두 친구는 아주 좋은 생각이라고 결정하고 행동에 옮기기 시
작했습니다. 뒤러의 친구는 식당에 가서 그를 위해 열심히 일하
여 매월 꼬박꼬박 학비를 보냈고, 뒤러는 친구의 도움으로 미술
학교에 다닐 수 있었습니다. 학교를 졸업한 후 뒤러는 자기의
학비를 벌기 위해 많은 희생을 한 친구의 도움을 생각하며 친구
를 찾아갔습니다. 마침 그 친구는 식당 한 구석에서 절친한 친
구 알버트 뒤러를 위해 열심히 기도하고 있었습니다.

"하나님 아버지, 저의 친구 뒤러가 열심히 공부해서 훌륭한
화가가 되게 해 주세요. 그리고 하나님의 영광을 위하여 많은
그림을 그릴 수 있게 해 주세요. 그러나 하나님, 저의 손은 이미

식당 일로 인하여 그림을 그릴 수 없게 되었으니 제가 할 몫까
지 뒤러가 모두 할 수 있게 도와주세요."

　기도하는 친구의 모습을 보고있던 알버트 뒤러는 자기를 위
해 희생한 친구의 손을 바라보는 순간 커다란 감동을 받았습니
다. 그 즉시 붓을 들어 사랑하는 친구의 기도하는 손을 스케치
하였습니다. 그 그림이 바로 그 유명한 뒤러의 「기도하는 손」입
니다.

# 35 이기심을 극복한 희생

인자의 온 것은 섬김을 받으려 함이 아니라 도리어 섬기려 하고 자기
목숨을 많은 사람의 대속물로 주려 함이니라 ·마가복음 10:45

빅톨 위고가 쓴 유명한 소설 「나인티 쓰리」라는 책
에는 아주 인상깊은 이야기가 있습니다.

불란서 혁명 직후에 숲을 지나가던 병사들이 우연히 배고픔
에 지친 어머니와 세 아이들을 발견하게 되었습니다. 병사들 중
한 상사가 빵 한 덩이를 그들에게 던져주자, 어머니는 지체하지
않고 빵을 세 조각으로 똑같이 잘라 아이들에게 나누어주었습
니다. 이 광경을 옆에서 바라보던 한 젊은 병사가 빵을 주었던
상사에게 물었습니다.

"저 여자는 배가 고프지 않은 모양이죠?"

그러자 상사는 이렇게 말합니다.

"그게 아냐, 배가 고프지 않은 것이 아니라 어머니이기 때문
이지."

어머니의 사랑이 이기심을 극복하게 하여 희생으로 나타난
것입니다.

# 마땅한 권리를 포기한 성도

우리에게 권리가 없는 것이 아니요 오직 스스로 너희에게 본을 주어
우리를 본받게 하려 함이니라 · 데살로니가후서 3:9

중국의 유명한 성도인 윗치만 니(Wachman Nee)
가 간증한 내용입니다. 어떤 마을에 예수를 믿는 한 성도가 살
았는데 그의 논에는 항상 물이 풍성하게 고여 있었습니다. 그런
데 그 해에 마침 심한 가뭄이 찾아옵니다. 그런데 이상하게도
하루 밤새에 자기의 논에 고여 있던 물이 다 빠져나가고 없는
것입니다. 그래서 알아보았더니 바로 옆에 있던 이웃집에서 자
기 논의 물을 밤새도록 빼내어 간 것입니다. 그 성도는 그 물이
자기 논에 고여 있던 물이었기 때문에 당연히 자기 물이라고 주
장할 권리가 있었습니다.

그는 자기의 권리를 주장하는 행동이 나쁜 것이라고 생각하
지 않았기 때문에 이튿날 아침 이웃을 찾아가 따졌습니다. "왜
당신은 나의 논에 고여 있던 내 물을 다 빼내어 갔습니까?" 그의
주장에 변명할 여지가 없었던 이웃은 못내 사과를 하며 빼내어
갔던 물을 다시 돌려주었습니다. 그런데 이튿날 논에 나가보니
물은 또 다 빠져나가버리고 없었습니다. 그래서 그는 다시 이웃
을 찾아가 다시 되돌려놓았습니다. 이러한 일이 몇 번씩이나 되
풀이되었습니다.

그런데 이상하게도 이 성도는 자신의 마땅한 권리를 주장하

여 물을 찾아왔는데도 마음이 도대체 편하지 않았습니다. 그래서 하나님께 기도하기 시작했습니다.

"주님! 제가 정당한 일을 하는데 왜 저의 마음에는 평안이 없습니까?" 그의 기도에 주님께서는 이렇게 응답하셨습니다.

"너는 왜 정당한 일만 하려고 하느냐? 나는 네가 정당한 일보다 더 위대한 일을 하길 바란다."

"하나님! 그렇다면 도대체 정당한 일보다 더 위대한 일이란 무엇입니까?"

"내가 너희에게 베풀어준 것처럼 너도 그 사람을 대하여라."

그는 주님의 음성을 듣고도 그 의미를 몰라 여러 번 계속 물으면서 기도했습니다. 그러다가 마침내 그의 마음에 큰 깨달음이 생겼습니다.

그날 밤 그는 위대한 결단을 내렸습니다. 이튿날 새벽이 되기도 전에 일찍 나가서 이웃사람이 자기 논에서 물을 빼내어가기 전에 미리 자기 논의 물을 이웃의 논에 넣어주었습니다. 그러자 그의 마음에는 놀라운 기쁨과 평안이 다시 샘솟기 시작했습니다.

# 유대교와 기독교의 근본적인 차이

이는 이방인들이 복음으로 말미암아 그리스도 예수 안에서 함께 후사
(後嗣)가 되고 함께 지체가 되고 함께 약속에 참예하는 자가 됨이라
• 에베소서 3:6

제가 이스라엘에 갔을 때의 일입니다. 그곳에서 저
는 한 유대인을 만나 대화를 나누게 되었습니다. 저는 그에게
"왜 당신들은 예수님을 믿지 않습니까?"라는 질문을 했습니다.
그랬더니 그 유대인은 "어떻게 하나님께서 예수라는 인간이 될
수 있습니까? 그것은 불가능합니다. 그렇기 때문에 우리는 예
수를 믿지 않습니다"라며 강한 어투로 대답했습니다.

그 순간 저는 그의 대답을 통해 기독교는 절대적으로 하나님
께서 낮고 낮은 이 세상에 어리석고 보잘것 없는 우리들을 구원
하시려고 친히 인간의 몸으로 오셨음을 믿기 때문에 근본적으
로 유대교와는 틀리다는 사실을 더욱 실감했습니다. 그 유대인
은 결코 하나님께서 인간의 몸으로 오실 수 없다고 믿고 있었습
니다.

그래서 저는 그에게 또 다른 질문을 하나 던졌습니다. "그런
데 전 세계에는 당신들이 믿지 않는 예수님을 믿고 의지하며 그
분의 뜻대로 살고자 헌신하는 사람들이 많이 있습니다. 그리고
점점 그 수가 늘어나고 있는 반면에 유대교는 그렇지 못한 것
같습니다. 그것에 대해 어떻게 생각하십니까?"

"당연하잖아요? 기독교는 열심히 전도하니까 그렇게 믿는 수

가 증가할 수밖에요. 그러나 우리는 전도를 하지 않습니다. 우리 민족만 믿으면 되지 다른 민족까지 믿을 필요가 뭐 있습니까?'

그때 전 다시 한번 유대교는 기독교와 전혀 다른 그들만의 하나님을 믿고 있음을 알았습니다. 그리고 왜 그들이 복음으로 인해 전 세계의 모든 그리스도인들이 한 지체이며 가족인 사실을 외면하면서 배타적이 되는 지를 깨닫게 되었습니다.

# 38 예수 안의 참 기쁨

주 안에서 항상 기뻐하라 내가 다시 말하노니 기뻐하라
• 빌립보서 4:4

어느 추울 겨울날 밤에 술이 잔뜩 취한 한 남자가 교회의 문을 소란스럽게 두드렸습니다. 그런데 공교롭게도 그 날 따라 교회를 지키는 사찰 집사님도 술에 취해 있었습니다. 문 두드리는 소리를 들은 사찰 집사님은 취중에 소리를 질렀습니다.

"누구시오?"

"난 신도가 되기를 원하는 사람입니다."

"왜 신도가 되기를 원하시오?"

"저에게 슬픔이 많아서 기쁨을 찾고 싶습니다."

"기쁨을 얻고 싶은 사람이 하필이면 왜 예배당에 오셨소?"

"예수님이 기쁨을 주신다고 해서 왔습니다."

이때 사찰 집사님의 대답은 정말 놀라웠습니다.

"그런 양반 여기에 안 계시오."

예수님이 없는 교회에는 기쁨이 있을 수 없습니다.
예수님이 없는 마음에는 기쁨이 있을 수 없습니다.

## 선택한 기쁨

내가 너희를 향하여 하는 말이 담대한 것도 많고 너희를 위하여 자랑하는 것도 많으니 내가 우리의 모든 환난 가운데서도 위로가 가득하고 기쁨이 넘치는 도다   ·고린도후서 7:4

A. W. 타겟(A. W. Target)이라는 사람이 쓴 「창」이라는 단편 소설 가운데의 내용입니다. 어느 작은 병실에 두 남자가 입원해 있었는데, 한 사람은 폐암말기 선고를 받은 환자이고 또 한 사람은 디스크 환자였습니다. 디스크 환자는 수술 받은 지 얼마 되지 않아 침대에 꼼짝없이 누워있어야 했지만 폐암 환자는 하루에 한시간 정도는 자리에 일어나서 창 밖을 내다보곤 했습니다. 병세로 보자면 폐암 말기 환자의 상황은 매우 절망적이었지만 그의 얼굴에는 왜 그런지 늘 기쁨을 간직하고 있었습니다.

하루는 디스크 환자가 창 밖을 보고 있는 폐암 환자에게 도대체 밖에 무엇이 보이냐고 물었습니다. 그는 지긋이 눈을 감고 이렇게 말했습니다. "아름다운 호수에 보트와 백조가 한가로이 떠있고 호숫가를 산책하는 여인들과 잔디밭에서 놀고 있는 어린아이의 얼굴이 보이네요." 이 말을 듣고 있던 디스크 환자의 얼굴은 갑자기 분노로 일그러지기 시작했습니다. 그는 폐암 환자의 얼굴에 늘 기쁨이 있는 까닭이 그의 침대가 창문 곁에 있기 때문이고, 자기는 차별대우를 받고 있다는 생각을 했습니다.

그래서 빨리 폐암 환자가 죽어서 나가면 저 창가의 침대를 차지해야겠다는 생각까지 했습니다.

그러던 어느 날 밤 폐암 환자가 심하게 기침을 하면서 신음하기 시작했습니다. 디스크 환자는 비상벨을 눌러서 의사를 부를까 하다가 침대를 차지하겠다는 생각에 그대로 두었습니다. 아침이 밝아올 무렵 갑자기 옆 침대가 조용해졌고 고통받던 폐암 환자는 그의 기대대로 세상을 떠났습니다. 비어 있는 자리에 병원의 허락을 받아 드디어 창문 곁 침대로 옮기게 되었습니다. 그는 옮기자마자 그의 있는 힘을 다해서 침대를 붙들고 일어나 창 밖을 내다보았습니다. 그런데 놀랍게도 창 밖에는 회색의 콘크리트 담벼락뿐이었습니다.

그는 그제야 폐암 환자의 기쁨이 환경때문에 생긴 기쁨이 아니라 그가 선택한 기쁨이었음을 깨달았습니다. 그는 기뻐할 수 없는 상황에서도 기쁨을 창조적인 상상으로 선택한 것입니다.

# 기쁜 삶의 창조

주께서 생명의 길로 내게 보이셨으니 주의 앞에서 나로 기쁨이 충만하게 하시리로다 하였으니 ·사도행전 2:28

헬렌 켈러는 듣지도 말하지도 보지도 못하는 3중의 고통을 겪고 있었지만 설리반 선생의 도움으로 마음의 눈을 뜨기 시작했습니다. 그녀가 고백한 기쁨은 그녀의 유명한 자서전인 「The Story of My Life」라는 책에 "나는 기뻤습니다. 그리고 행복했습니다"라는 구절이 계속 반복되는 것을 보더라도 알 수 있습니다. 그녀의 자서전의 절정을 이루는 부분을 보면 아주 감동적인 글이 있습니다.

내가 사흘만 눈을 떠 볼 수 있다면

첫째 날 나는 내 인생에 참된 사랑을 일깨워 준 고마운 사람들을 먼저 만나서 그들의 얼굴을 정말 오래오래 지켜보고 싶다. 그 다음은 천진 난만한 아기들을 보고 싶고 그리고 나에게 더없이 신실한 친구였던 개 라이오네스의 모습을 보고 싶다. 저녁 무렵에는 숲 속을 거닐고 싶다.

둘째 날에는 아침에 일어나는 대로 동트는 광경을 바라본 다음 박물관과 미술관을 방문하고 싶다. 그 곳에서 인류 역사의 발자취를 돌아보고 싶고 위대한 미술 작품이나 조각품을 감상하고 싶다. 저녁에는 아름다운 발레리나의 춤을 보고 싶다.

그리고 셋째 날에는 일찍 일어나 동트는 새벽의 여명을 한 번 더 지켜보련다. 그 다음에 거리로 나가 사람들이 걷는 모습, 일하는 모습을 보고 싶다. 행복한 사람들의 표정도 보고 싶고 또 고통스러운 아픔의 표정도 보고 싶다. 그 후에 나는 내가 좋아하는 뉴욕 시내를 구경할 것이다. 가난한 슬럼가도 가보고 싶고 또한 아름다운 공원도 내 눈으로 직접 보고 싶다.

셋째 날 저녁에 내가 마지막으로 하고 싶은 일은 극장에 가서 희극을 관람하면서 한없이 웃는 것이다. 그리고 그 웃음과 기쁨을 오래도록 간직하고 싶다.

# 41 관용에서 나오는 진정한 기쁨

오직 선을 행함과 서로 나눠주기를 잊지 말라 이같은 제사는 하나님이
기뻐하시느니라 · 히브리서 13:16

월남전이 한창이던 시절, 월남에서 부상당하여 돌
아온 군인들을 위한 대대적인 위문공연을 준비하고 있을 때의
일입니다. 프로그램의 총 책임자인 감독은 미국의 유명한 코미
디언인 밥 호프(Bob Hope)를 이 공연에 초대하기로 했습니다.
그러나 밥 호프는 너무나 바쁜데다가 선약이 있어서 갈 수 없다
고 거절했습니다. 밥 호프가 없는 위문공연은 아무런 의미가 없
다고 생각한 감독은 "전쟁터에서 돌아온 군인들을 위로해 주는
아주 중요한 자리에 당신이 꼭 필요합니다"라며 여러 번 간곡
히 부탁을 했습니다. 밥 호프도 끈질긴 감독의 부탁에 "그러면
제가 5분 정도만 얼굴을 보이고 내려와도 괜찮겠습니까?" 하고
물었습니다. 주최측에서는 그렇게만 해줘도 고맙겠다고 해서
밥 호프는 그 위문공연에 출연하기로 약속했습니다.

드디어 공연 당일, 5분을 약속하고 올라간 밥 호프가 얘기를
시작하자마자 사람들은 웃기 시작했습니다. 그런데 밥 호프는
5분이 지나도 끝낼 생각을 안하고 10분, 15분, 25분이 넘었는데
도 공연을 계속했습니다. 밥 호프는 거의 40분 동안 공연을 하
고 내려왔는데 그의 얼굴에는 눈물이 흐르고 있었습니다. 감독
은 5분을 공연하기로 하고 40분을 하게 된 경위와 눈물을 흘리

는 이유에 대해 물었습니다. 그의 물음에 밥 호프는 눈물을 닦으며 이렇게 말했습니다. "저 앞줄에 있는 두 친구 때문에 그렇습니다." 그래서 감독이 나가보니까 앞줄에 상이(傷痍) 군인 두 사람이 열심히 박수를 치며 기뻐하는 모습이 보였습니다. 한 사람은 오른팔을 잃어버렸고 다른 한 사람은 왼팔을 잃어버린 상태였습니다. 오른팔을 잃어버린 사람은 왼팔을, 왼팔을 잃어버린 사람은 오른팔을 사용해서 두 사람이 함께 박수를 치고 있었던 것이었습니다. 그 광경을 보며 밥 호프는 이런 유명한 이야기를 남겼습니다.

"저 두 사람은 나에게 진정한 기쁨이 무엇인가를 가르쳐 주었습니다. 한 팔을 잃어버린 두 사람이 힘을 합하여 함께 기뻐해 주고 있는 모습을 보면서 나는 참된 기쁨을 배웠습니다."

슬픔 많고 고통 많은 세상에서 항상 기뻐하는 삶을 원한다면 이웃들의 허물을 덮고 그들의 삶을 세워 관용하는 정신을 배워야 합니다. 주님이 나에게 베푸셨던 동일한 관용을 구하여 이웃에게 베푸는 삶이야말로 우리에게 항상 기뻐할 수 있는 삶을 줄 것입니다.

# 희극배우 그리말디의 거짓된 기쁨

너희는 내게 배우고 받고 듣고 본 바를 행하라 그리하면 평강의 하나님이 너희와 함께 계시리라 ·빌립보서 4:9

어느 날 프랑스 파리의 정신과 병원에 한 청년이 우울증을 호소하면서 찾아왔습니다. 의사가 상담을 하다가 이렇게 권면했습니다.

"그렇게 방안에만 계시지 말고 밖에 나가서 그 유명한 희극 배우 그리말디의 쇼를 보십시오. 그 쇼를 보고 나면 한결 기분이 나아질 것입니다. 그리고 인생이 달리 보일 것입니다."

그 청년은 의사의 권고에 아무 대답도 안하고 조용히 병원을 나서면서 이렇게 중얼거렸습니다.

"선생님, 내가 바로 그 희극 배우 그리말디입니다."

그리말디는 무대 위에서 순간적으로는 기뻐할 수 있었지만 그의 생활 가운데서는 지속적으로 기쁨을 유지시켜 나갈 수 없었습니다. 순간적인 기쁨보다 중요한 것은 계속해서 기뻐할 수 있는 태도입니다. 순간적인 평안보다 더 중요한 것은 지속적으로 평안을 지켜가는 것입니다.

## 43 기쁨의 원천

나는 여호와를 인하여 즐거워하며 나의 구원의 하나님을 인하여 기뻐
하리로다 ·하박국 3:18

철학자인 키에르케고르(Kierkegaard)는 세상 사람
들이 누리는 기쁨과 하나님을 아는 즐거움이 어떻게 다른가를
이렇게 비교해 보았습니다.

"캄캄한 시골길에 한 농부가 등불을 켜고 마차를 몰고 간다.
불행히도 이 농부는 마차에 켜 놓은 등불 때문에 아름답게 빛나
는 밤하늘을 보지 못한다. 세상에서 누리는 즐거움, 세상 사람
들이 말하는 즐거움은 그것이 '고급한 즐거움' 이든 '저급한 즐
거움' 이든 간에 이 농부가 마차에 켜고 다니는 등불과 같은 것
이다."

우리는 때때로 이 등불 때문에 밤하늘에 무수히 빛나는 아름
다운 별빛을 보지 못합니다. 이와 마찬가지로 우리는 세상 즐거
움으로 인해 하나님을 느끼지 못합니다. 하나님만이 우리에게
즐거움을 주실 뿐 아니라 기쁨의 근원이 되시고 원천이 되시는
분입니다.

# 고통을 동반하는 기쁨

예수께서 무리를 보시고 산에 올라가 앉으시니 제자들이 나아온지라 입을 열어 가르쳐 가라사대 심령이 가난한 자는 복이 있나니 천국이 저희 것임이요 애통하는 자는 복이 있나니 저희가 위로를 받을 것임이요 ・마태복음 5:1~4

생물의 영역 속에서 지능이 높은 동물일수록 고통에 대한 감각이 뛰어나다고 합니다. 그런 의미에서인지 어느 철학자는 인간의 위대성은 인간의 고통에 있다고 말했습니다.

고대 그리스의 설화입니다. 한 여인이 현실 세계의 삶을 마치고 사후 세계로 가기 위해서 그 경계를 짓고 있는 스탁스 강 앞에 섰습니다. 그때 웨이론이라는 요정이 나타나 여인에게 말합니다.

"스탁스 강을 건너기 전에 미틀스 계곡의 물을 한 번 드셔보세요. 이 세상의 모든 고통을 잊을 수 있어요."

"이 세상의 모든 고통을 잊는 물이라면 마시겠어요."

"그러면 이 세상의 모든 기쁨도 잊어버리게 됩니다."

"전 이 세상의 모든 실패의 기억들을 지우고 싶어요."

"그러면 당신의 모든 성공의 기억들도 함께 망각하게 됩니다."

"저는 빨리 세상의 모든 상처를 잊고만 싶습니다."

"그러면 당신은 모든 사랑도 망각하고 말 것입니다."

여인은 요정의 마지막 말에 조용히 생각을 합니다.

그리고는 "그렇다면 저는 그 샘물을 마시지 않겠어요"라고 대답했다고 합니다.

우리는 이 설화를 통해 인생의 법칙을 배웁니다. 인생 속에 고통과 실패, 상처만 있는 것이 아니라 그것과 동시에 기쁨과 성공, 사랑이 있다는 사실을 말입니다.

✚✚✚✚✚✚

나사로가 웃었다

그리스도인 극작가인 유진 오닐(Eugene O'Neill)은 「나사로가 웃었다」라는 책을 썼습니다. 그 책에는 나사로가 부활한 후에 나사로와 그의 식구들의 삶의 관점이 어떻게 달라졌는가를 소재로 다루었는데 그 중에 제일 인상적인 구절이 있습니다.

"그는 더 이상 두려워하지 않았다."

죽음을 경험해 본 그는 죽어보니 죽음이 별 것 아니라는 것을 알았다는 얘기입니다. 그러나 우리는 죽지 않았다는 사실 때문에 그 죽음에 대한 신비가 우리를 더 깊은 공포와 절망 앞에 서게 합니다.

# 염려가 부르는 죽음

아무것도 염려하지 말고 오직 모든 일에 기도와 간구로, 너희 구할
것을 감사함으로 하나님께 아뢰라 ·빌립보서 4:6


중세 유럽에서 콜레라가 한참 유행할 때, 한 농부
가 마차를 몰고 성을 향해 가는데 갑자기 어느 부인이 마차를
불러 세웠습니다. 그 부인은 농부에게 성까지 태워 줄 수 없냐
고 부탁했습니다. 농부는 부인의 부탁을 승낙하여 함께 성까지
가게 되었습니다.

그런데 한참 가다보니 분위기가 좀 야릇하게 이상한 것을 느
꼈습니다. 마차를 세울 때는 몰랐는데, 태우고 나서 부인을 보
니 부인이 계속해서 소름끼치는 묘한 웃음을 자신에게 흘리고
있는 것이었습니다. 그래서 농부가 부인에게 물었습니다.

"당신은 누구십니까?"

"저는 콜레라 여사입니다."

"왜 제 마차에 타셨습니까?"

"저 성에 있는 사람들을 죽이러 가기 위해서 지요."

"그렇다면 부인을 태워 줄 수 없으니 지금 당장 내리시오."

"지금 날 태워 주지 않으면 당신부터 죽이겠소."

"그러면 나와 한 가지 약속을 합시다. 내가 당신을 성까지 태
워 줄 테니 다섯 명만 죽이시오."

그래서 꼭 다섯 명만을 죽이기로 약속한 후 농부는 콜레라

부인을 태우고 성 앞에 도착했습니다. 그런데 놀랍게도 성에 도착해보니 천 명도 넘는 시체들이 성 앞에 즐비해 있는 것이었습니다.

농부는 화가 나서 "부인, 약속이 틀리지 않습니까? 다섯 명만 죽이기로 했는데 이것이 웬 시체들이오?"

"나는 아직 한 사람도 죽이지 않았습니다."

"그러면 저 사람들은 뭡니까?"

"저 사람들은 내가 온다는 소식을 듣고는 지레 겁먹고 죽은 사람들입니다."

# 염려를 이기는 처방

공중의 새를 보라 심지도 않고 거두지도 않고 창고에 모아 들이지도
아니하되 너희 천부께서 기르시나니 너희는 이것들보다 귀하지
아니하냐 ·마태복음 6:26

　　　한 풍자적인 기독교 작가가 어린이를 위하여 쓴
「참새와 물새의 대화」라는 동화내용입니다.

　어느 날 물새가 참새에게 "참새야, 저 아래 땅위에서 허덕거
리며 걸어다니는 인간들의 모습을 봐. 저 아우성치며 허우적거
리면서 살고 있는 인간들의 꼴을 보란 말이야" 라며 말을 걸었
습니다.

　이 말을 들은 참새는 이렇게 이야기했습니다.

　"물새야, 아마 쟤들은 우리를 돌보시는 하나님 아버지가 없
는 모양이지!'

　우리가 하나님의 은혜와 주권을 신뢰한다면 들에 핀 한 포기
의 풀보다 더욱 소중히 여기시는 나의 존재를 깨닫고 허우적거
리거나 삶을 걱정하는 일은 없을 것입니다. 하나님의 주권을 신
뢰하는 것이 염려를 이기는 첫 번째 처방입니다.

## 쓸데없는 걱정

그러므로 내일 일을 위하여 염려하지 말라 내일 일은 내일 염려할 것이요 한 날 괴로움은 그날에 족하니라 · 마태복음 6:34

옛날 오래된 학교에서는 종을 치는 종치기가 있었습니다. 그는 종을 치다가 노이로제에 걸리고 말았습니다. 사람들은 그를 보면서 왜 그렇게 행복하지 못한 지를 물어보았습니다. 그 종치는 사람은 매우 고통스럽다는 듯이 이렇게 대답했습니다.

"저는 이 종을 36,000번 쳐야 합니다. 매일 이 학교에서 한 번에 10번씩 종을 치는데 계산해보면 일주일에 70번, 한 달이면 300번, 일년이면 3,600번이기 때문에 내가 이 일을 다 끝내려면 앞으로도 10년을 더 쳐야 합니다."

그 대답을 듣고 있던 한 사람이 보다 못해서 이런 지혜로운 충고를 했습니다.

"형제님! 하루에 10번씩 종을 치지 마시고 한 번에 한 번씩만 종을 치시면 되지 않습니까?"

# 주둥이 보험

내가 여호와를 가리켜 말하기를 저는 나의 피난처요 나의 요새요 나의
의뢰하는 하나님이라 하리니 •시편 91:2

　　　우리가 사는 이 세상은 눈 깜짝할 사이에도 수없이
변합니다. 눈을 뜨고도 코 베어간다는 세상 말도 있듯이 현대를
살아가는 사람들에게 두려움은 곧 삶 그 자체인 것 같습니다.
그래서 사람들은 조금이라도 그 두려움을 해소하기 위해 이것
저것 궁리를 합니다. 그들의 궁리 끝에 생겨난 것이 바로 보험
입니다. 자동차를 많이 타다 보니 자동차 사고에 대한 두려움이
생겨 자동차 보험에 들게 되고, 요즘은 비행기를 타는 기회가
많아지다 보니 항공 보험에까지 듭니다. 그리고 건강을 보장받
기 위해서 의료 보험에 가입하고, 힘들게 장만한 보금자리를 보
호하기 위해서 주택 보험에도 듭니다.

　　또한 도난, 화재 등 여러 가지 상상할 수 없는 위험에 대한 두
려움 때문에 갖가지 보험에 듭니다. 유럽의 유명한 축구 스타들
은 그들의 발이 생명이라고 발 보험까지 든다는 이야기를 들었
습니다. 그뿐 아니라 한 유명한 피아니스트는 손 보험을 들었
고 합니다.  그렇다면 나도 다른 이들처럼 하나쯤은 보험에 들
어야 할 것 같은데 무슨 보험을 들어야 할까 곰곰이 생각하다가
"주둥이 보험(?)"에 들어야겠다고 생각했습니다.

# 성숙한 자의 겸손

교만이 오면 욕도 오거니와 겸손한 자에게는 지혜가 있느니라
• 잠언 11:2

대학에서 수학을 전공한 어떤 학생이 졸업 여행으로 이곳 저곳을 다니다가 어느 산 속에 있는 정자에서 쉬게 되었습니다. 그곳에서 우연히 한 노신사를 만나 수학에 대한 이야기를 나누게 되었습니다. 수학에 대해서 어느 정도까지 공부했는가를 묻는 노신사의 질문에 학생은 기세 당당하게 "수학을 정복했습니다"라고 대답했습니다. 이번에는 학생이 노신사에게 "수학을 어느 정도까지 하셨습니까?"라고 묻자 그 노신사는 조용한 목소리로 "나는 겨우 수학에 대하여 이해하기 시작했네"라고 대답했습니다.

그 노신사와 대화를 계속하면서 학생은 그 분의 수학 지식이 비범한 것을 알게 되었습니다. 학생은 '도대체 이분이 어떤 사람인가' 하는 놀랍고도 궁금한 마음에 "도대체 선생님의 성함이 어떻게 되십니까?"라고 물었습니다. 그 노신사는 "내 이름은 화이트헤드(A. N. Whitehead)라네"라고 대답했습니다.

놀랍게도 그 이름은 아주 유명한 세계적인 철학자이자, 수리학자의 이름이었던 것이었습니다.

## 부족한 겸손

누구든지 일부러 겸손함과 천사 숭배함을 인하여 너희 상을 빼앗지 못하게 하라 저가 그 본 것을 의지하여 그 육체의 마음을 좇아 헛되이 과장하고 ·골로새서 2:18

두 명의 단짝 친구가 있었습니다. 한 사람은 크리스천이었지만 다른 사람은 불신자였습니다. 어느 날 불신자 친구가 크리스천인 단짝 친구를 찾고 있었습니다. 그런데 그는 친구를 어떤 곳에서도 찾을 수 없었습니다. 그래서 그는 곰곰이 친구가 있을 만한 곳을 생각해 보았습니다. 그러다가 갑자기 교회당이 떠올랐습니다. 왜냐하면 평소에 크리스천 친구가 자주 교회에 가서 기도를 드린다는 것을 알았기 때문입니다.

그래서 당장 교회당으로 달려가 교회 문을 열어보니 낯익은 목소리가 들리는 것이었습니다. "하나님, 정말 전 부족한 놈입니다. 저는 매일 잘못을 저지릅니다. 용서해 주셔요." 불신자 친구는 그 소리가 나는 앞자리로 조용히 갔습니다. 그리고 크리스천 친구의 기도를 듣고는 그를 시험해보기로 했습니다. "이 부족한 놈아!" "뭐라고? 너는 뭔데? 내가 부족하다고?"

크리스천 친구는 하나님께 자신이 부족한 사람이라고 고백했지만 그의 마음에는 자신을 진정으로 부족하다고 인정하지 않고 있었던 것입니다.

# 무디의 겸손

오직 온유한 자는 땅을 차지하며 풍부한 화평으로 즐기리로다
• 시편 37:11

D. L. 무디(D. L. Moody)가 미국의 한 도시에서 전도대회를 열고 있었을 때의 일입니다. 하루는 모 신문사의 한 기자가 무디에게 찾아와 인터뷰를 요청했습니다. 그러나 무디는 전도대회로 너무나 바쁜 나머지 그 인터뷰를 거절할 수밖에 없었습니다. 그랬더니 그 다음날 신문 기사마다 '교만한 전도자 무디'라는 혹평의 글들이 실렸습니다. 무디의 동료들은 하나같이 "이런 거짓된 기사를 싣다니 말도 안돼"라며 분노했습니다.

그런데 정작 화를 내야 할 무디는 아무렇지 않다는 듯이 미소 짓고 있었습니다. 이를 의아하게 생각한 동료 한 사람이 무디에게 물었습니다.

"선생님, 기사마다 공개적으로 선생님을 교만한 사람이라고 비판하고 있는데 선생님은 화나지 않으십니까?"

"제가 화가 날 이유가 어디에 있습니까? 그 기자는 나에 대해 잘 모르고 쓴 것 같은데 말입니다. 나는 그보다 더 교만한 사람입니다."

 ## 하나님의 음성

여호와께서 너를 교훈 하시려고 하늘에서부터 그 음성을 너로 듣게 하시며 땅에서는 그 큰 불을 네게 보이시고 너로 불 가운데서 나오는 그 말씀을 듣게 하셨느니라  ·신명기 4:36

저의 인생에서 가장 크게 절망했던 때는 대학 입시에 실패했던 스무 살 때였습니다. 그때 저희 아버지는 집을 나가버리셨기 때문에 어머니와 동생 여섯 그리고 조부모님과 함께 사는 살림은 무척 어려웠습니다. 그나마 살던 집에서 쫓겨나 수원 팔달산 토굴에서 살았던 시절도 있었습니다. 할머니는 이렇게 사느니 다 함께 죽어버리자고 입버릇처럼 말씀하셨고 제 삶에는 아무런 희망이 없었습니다.

어느 날 밤 집에 가기 싫어서 여기 저기 돌아다니다가 제 발길이 우연히 교회로 향하게 되었습니다. 교회 안으로 들어가니 저의 마음에 막연히 가졌던 신앙에 대한 동경과 하나님에 대한 기대감이 물밀 듯 찾아들었습니다. 그렇게 밤은 깊어갔고 피곤해진 저는 교회의 종 탑 작은 마루방에서 잠을 청했습니다. 새벽녘쯤 갑자기 환한 빛이 들어오면서 종소리가 울려 퍼지자 저는 잠에서 깨어 벌떡 일어났습니다.

그런데 종소리가 여운을 남기며 제 마음에 이런 목소리를 들려주었습니다. "나를 위해 일하라." 저는 그 소리가 무슨 뜻인지도 모른 채 하나님을 믿으면 새로운 미래가 찾아오려나 하는 막연한 기대를 갖게 되었습니다. 그리고 그 순간부터는 내가 처한 상황에서 절대로 절망하지 않겠다고 결심했습니다. 그날 새벽 교회 종 탑에서 들었던 하나님의 음성은 저의 삶에 새롭고도 분명한 관점을 주었습니다. 몇 년 후 저는 아무것도 가진 것이 없는데다가 여섯 명의 동생을 책임져야할 장남이었기 때문에 결혼하는 것이 무척 어려웠습니다. 제 아내는 부모님과 주변 사람들의 극심한 반대 때문에 결정을 내리지 못하고 고민하며 엎드려 기도하였습니다. 결혼한 후에 들은 얘기인데, 아내가 새벽 기도 중에 계속해서 "내가 책임을 지겠다"는 주님의 음성을 들었다고 합니다.

지금도 저의 아내는 문제가 일어나면 주님이 책임지시기로 했다면서 어떤 어려움도 견뎌냅니다. 주님께서는 우리 부부를 한번도 실망시키시지 않으셨습니다. 우리의 삶이 아무리 어렵고 힘든 상황이라 할지라도 좌절하지 말고 사람들의 훈수보다 하나님의 음성에 귀를 기울여야 합니다. 삶이 고달프다고 느낄 때 주님 앞에 엎드리고 주님의 말씀을 들어야 합니다. 여인 드보라가 불가능에 도전할 수 있었던 것은 하나님의 음성을 들었기 때문이었습니다.

# 주님 한 분만으로 나는 만족해

나는 의로운 중에 주의 얼굴을 보리니 깰 때에 주의 형상으로 만족하리이다 ·시편 17:15

　　의사였다가 기독교 작가로 변신한 크로닌 박사는 가난한 사람들에 대한 연민 때문에 광산촌에서 계속 의사 노릇을 하고 있었습니다. 그런데 그 광산촌에는 억울하게 오해를 받아 그곳으로 쫓겨온 간호사가 있었습니다. 그녀는 쫓겨온 데다가 월급마저 아주 적었지만 불평하지 않고 오히려 항상 생글생글 웃으며 여유있고 자신 만만하게 일했습니다. 그리고 병원 진료시간이 끝났는데도 제일 늦게까지 남아서 일을 더 하곤 했습니다. 그런 간호사의 모습을 본 크로닌 박사는 안쓰러워서 간호사에게 이렇게 얘기를 합니다. "당신은 당신이 가진 가치만큼 대우를 받지 못하고 있어요. 하나님은 그것을 아실 텐데 말이야." 이 간호사는 이 말을 듣자마자 이렇게 대답했습니다. "제가 가치 있는 존재라는 것을 하나님이 아신다면 그것으로 족하지 않습니까?" 간호사의 답변은 신앙적으로 헌신되어 있지 않던 크로닌 박사의 마음에 화살처럼 꽂혔습니다.

　　그녀의 그런 마음이 불편한 환경에서도 당당하고 빛나는 삶을 살게 한 비밀이었던 것입니다. 어느 곳에 사느냐, 무엇을 하느냐, 얼마나 내 상황이 불편한가 그것이 중요한 것이 아니라 나는 어떻게 살아가는 사람인가가 더 중요합니다.

## 좋은 미래를 보는 눈

오직 여호와를 거역하지 말라 또 그 땅 백성을 두려워하지 말라 그들은 우리 밥이라 그들의 보호자는 그들에게서 떠났고 여호와는 우리와 함께 하시느니라 그들을 두려워 말라 하나 ·민수기 14:9

「성공을 만드는 소중한 사람」의 저자, 지그 지글러는 세계적인 기업 경영 강연자이면서 훌륭한 그리스도인이었습니다. 어느 날 한 직장 여성이 그를 찾아왔습니다. 이 여성은 자신이 다니고 있는 직장에 대해서 수많은 불평을 늘어놓았습니다. 그녀는 나쁜 대우와 괴롭히는 직장 상사, 좋지 못한 동료들에 대한 이야기들을 쭉 나열하면서 지글러에게 상당한 동정을 기대했습니다. 그녀의 이야기를 다 듣고 난 지글러는 이렇게 대답했습니다.

"내가 보기에는 아가씨의 환경이 앞으로 더욱 나빠질 것 같습니다. 앞으로 큰 일이 닥칠 위험이 있습니다."

지글러의 동정을 기대한 여인은 무척 실망했습니다.

지글러는 계속 말을 이었습니다.

"아가씨는 직장과 동료들을 싫어하고 있죠?"

"맞아요. 저는 직장이 너무 지긋지긋하고 동료들은 꼴도 보기 싫어요."

"바로 그것이 문제입니다. 아가씨가 직장을 싫어한다면 직장도 아가씨를 싫어할 것이고, 아가씨가 동료들을 싫어한다면 동료들도 아가씨를 싫어할 것입니다. 성경을 보면 누가복음 6

장 31절에 '남에게 대접을 받고자 하는 대로 너희도 남을 대접하라' 고 되어있습니다. 이 내용을 황금률이라고 하는데 아가씨의 삶이 바뀌려면 직장을 좋아하고 동료들을 좋아하는 것을 배워야 합니다."

지글러의 말을 듣고 있던 그 여성은 펄펄 뛰면서 말했습니다. "좋은 것이 하나도 없는데 어떻게 좋아할 수 있습니까?" 지글러는 백지 한 장을 주면서 직장과 동료들의 좋은 점을 작은 것이라도 써보라고 주었습니다. 아무런 반응 없이 멍하게 종이만을 쳐다보고 있는 여성에게 지글러가 다시 물었습니다.

"직장에서 월급은 받으시죠? 월급 받는 것이 싫습니까? 좋으면 종이에 적으십시오. 휴가 때 쉴 수 있어서 좋지 않습니까? 이것도 좋으면 쓰십시오. 또 다른 좋은 점이 있으면 생각나는 대로 적어 보세요."

그 여성은 한참 생각하다가 웃으면서 말했습니다.

"한 가지 좋은 점이 있는데 직장이 저희 집에서 가까워서 출퇴근하기가 편해요."

그녀는 한 가지씩 좋은 점을 생각하며 쓰다가 보니 좋아하는 것이 스무 가지가 넘었습니다.

"직장에 좋은 점이 이렇게 많은데도 맘에 안 드십니까?"

지글러는 그녀에게 마지막으로 충고를 하였습니다.

"아가씨가 다니는 직장이 무지하게 좋아질 것이라고 상상해 본 적이 있습니까? 그리고 주변의 동료들과 아름답고 소중한 관계가 될 것을 생각해 본 적이 있습니까? 우리가 주변의 환경과 사물과 사람들을 어떻게 보느냐에 따라 좋게 보이기도 하고 나쁘게 보이기도 하는 것입니다. 미래를 보는 눈을 가지십시오."

제 2 부

항상 처음처럼, 항상 마지막처럼

# 1 항상 처음처럼, 항상 마지막처럼

범사에 감사하라 이는 그리스도 예수 안에서 너희를 향하신 하나님의 뜻이니라 · 데살로니가전서 5:18

어느 날 저는 설교 준비를 하다가 결혼 초기에 주 앞에 드렸던 기도문이 생각났습니다. 그래서 설교를 준비하면서 다시 한 번 그 기도를 주 앞에 드렸습니다.

> 하나님, 서투른 아마추어 같은 삶을 살아
> 가게 하소서.
> 처음 보는 하늘이듯 그 하늘을 바라보게
> 하소서.
> 처음 만났던 그 감격으로 주님을 보게 하
> 소서.
> 내가 처음 사랑했던 그 여인을 처음 바라
> 보던 그 눈초리로 그렇게 내 아내를 보
> 게 하소서.
> 처음 들어서는 예배당이듯 그 설레임으
> 로 예배당 안에 앉게 하소서.
> 처음 그 구원의 메시지가 내 심장을 사로
> 잡던 그 감격으로 처음 그 설교를 듣는
> 그 심정으로 설교를 듣게 하소서.

오 주님, 마지막 단두대에 올라 서 있는
 사형수 같은 삶을 살아가게 하소서.
마지막 보는 하늘인 것처럼 하늘을 바라
 보게 하소서.
마지막 보는 아내인 것처럼 그 아내의 얼
 굴을 바라보게 하소서.
마지막 보는 예배당인 것처럼 그 예배당
 을 바라보게 하소서.
마지막 듣는 설교인 것처럼 그 설교를 듣
 게 하소서.

우리가 축복 받는 것에 익숙하면 우리는 그 축복을 당연한
것으로 여기고 그 감격을 상실합니다. 감사를 망각합니다. 그리
고 불평과 원망이 쌓입니다.

# 만족할 줄 모르는 하녀

은을 사랑하는 자는 은으로 만족함이 없고 풍부를 사랑하는 자는 소득으로 만족함이 없나니 이것도 헛되도다 ·전도서 5:10

영국에는 그리스도인으로서 유명한 부자인 컨글튼 경이라는 사람이 있었습니다. 하루는 컨글튼 경이 집에서 쉬고 있는 데 집에서 일하고 있는 하녀가 부엌에서 접시를 닦다 말고 한숨을 쉬며 중얼거리는 말을 우연히 듣게 되었습니다. "나에게 만약 5파운드가 생긴다면 더 이상 소원이 없겠다." 이 말을 들은 컨글튼 경은 그 하녀에게 다가가 정말 소원이 그것인지 물었습니다. 그러자 하녀는 놀라면서 "그럼요, 주인님. 정말 그렇고 말고요." 그래서 컨글튼 경은 일하는 하녀의 등을 두들겨주면서 "내가 자네 소원인 5파운드를 줄 테니 이제부터는 불평하지 말고 열심히 일하게" 라고 격려해 주었습니다.

하녀에게는 혼자 그냥 중얼거린 한 마디의 넋두리가 정말 이루어진 것이었습니다. 5파운드를 하녀에게 주고 난 후 오후에 컨글튼 경이 정원으로 나가서 산책을 하는데 이런 소리가 들렸습니다. "아이구, 이럴 줄 알았으면 10파운드라고 말하는 건데. 정말 아까워라." 그 하녀는 자신의 일에 만족하지 못하고 끝없이 불평했습니다. 이 하녀의 모습을 바라보면서 어떤 일에든지 만족하지 못하는 우리들의 모습을 볼 수 있습니다.

# 폭풍우 속의 평안

이것을 너희에게 이름은 너희로 내 안에서 평안을 누리게 하려 함이라 세상
에서는 너희가 환난을 당하나 담대하라 내가 세상을 이기었노라 하시니라
· 요한복음 16:33

　　　　어느 초등학교 선생님이 반 학생들에게 평화를 주
제로 그림을 그리도록 했습니다. 학생들이 그린 그림 중에서 두
작품이 우수한 작품으로 뽑혔습니다.
　　한 학생이 그린 그림은 쳐다보기만 해도 평안을 느끼게 하는
아름답고 평화스러운 풍경이었습니다. 마을 앞에는 잔잔한 시
내가 흐르고 따스한 햇살을 받으며 삽살개 한 마리가 초가집 마
당에서 한가로이 졸고 있는 광경이었습니다.
　　그 그림은 슬쩍 보기만 해도 아주 평화스러워 보이는 반면
에, 또 하나의 다른 그림은 아주 다른 평안의 모습을 그려내고
있었습니다. 폭풍우가 무섭게 몰아치는 높은 벼랑의 모습이 이
그림의 배경이었습니다.
　　그런데 이 깎아지는 벼랑의 틈바구니 속에 깊이 패어진 부분
이 있었습니다. 그 안에는 어미 새의 품안에서 새록새록 잠들어
있는 아기 참새의 모습이 그려져 있었습니다. 성경에서 말하고
있는 평안은 전자의 평안이 아니라 후자의 평안입니다.

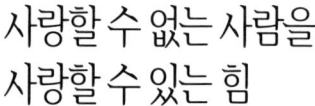

# 사랑할 수 없는 사람을
# 사랑할 수 있는 힘

무엇보다도 열심으로 서로 사랑할지니 사랑은 허다한 죄를 덮느니라
· 베드로전서 4:8

「주는 나의 피난처」라는 책을 쓴 코리 텐 붐은 전세계에 큰 신앙의 감동과 영향을 남긴 분이십니다. 그분의 간증속에 실린 감동적인 한 토막 이야기입니다.

코리 텐 붐은 그의 가족 모두가 유태인들을 숨겨 주었다는 이유로 체포되어 독일에서 2차 세계 대전이 끝날 때까지 수용소 생활을 했습니다. 라벤스브룩이라는 참혹한 수용소에서 가족들은 모두 죽고, 독일의 패전으로 코리 텐 붐만이 기적적으로 살아나오게 되었습니다. 감옥에서 나온 이 여인의 마음에 하나님께서는 한 가지 사명을 주셨습니다.

하나님은 그녀에게 자기를 핍박하고 가족들을 잔혹하게 죽인 독일 사람들에게 하나님의 말씀을 전하라는 부담을 주셨습니다. 그녀는 하나님의 사명에 순종하여 독일 마을과 도시를 찾아다니면서 간증집회를 시작했습니다. 그 집회로 인하여 죄책감 가운데 사로 잡혔던 수없이 많은 독일 사람들이 죄에서 자유를 얻었고, 하나님 앞에 돌아오는 놀라운 부흥의 역사가 일어났습니다.

한번은 코리 텐 붐이 독일의 시골 도시에서 말씀과 간증을 모두 마치고 사람들과 인사를 하는데, 그 사람들 중에 어떤 한 사람이 그녀의 온 몸을 얼어붙게 만들었습니다. 그 사람은 감옥에서 자기 언니 벳시가 죽는 데 결정적인 역할을 했고 죄수들을 못살게 괴롭혔던 라벤스브룩의 수용소 간수였던 것입니다. 그 순간 그녀는 꿈에도 잊을 수 없는 그 간수를 보고 피가 거꾸로 솟는 것 같아 주님께 속으로 몇 번이고 이렇게 외쳤습니다. '하나님, 저 사람은 안 돼요. 저 사람만은 용서할 수 없어요. 할 수 없어요. 저 사람만은 안돼요.'

그러나 하나님께서는 부정할 때마다 계속해서 '사랑하라. 그것은 명령이다' 라고 말씀하셨습니다. 순간 그녀는 하나님의 명령을 깨달아 '하나님, 저는 그를 사랑하고 싶은 마음이 없습니다. 사랑할 용기도 없습니다. 그러나 주님의 명령이라면 해보겠습니다' 라고 고백했습니다.

어느 새 그 사람이 자기 눈앞에 다가오자, 그녀는 사랑의 감정 없이 그에게 손을 내밀고 그를 끌어안았습니다. 그런데 바로 그 순간 하나님은 그녀의 마음에 그를 사랑할 수 있는 넉넉한 감정을 부어주셨습니다. 그녀는 그 간수를 솔직히 사랑할 수 없었지만 하나님의 명령 앞에 순종하기로 결단한 순간, 사랑할 수 있는 능력을 주님께서 주셨습니다.

# 참된 사랑

사랑하는 자들아 우리가 서로 사랑하자 사랑은 하나님께 속한 것이니 사랑
하는 자마다 하나님께로서 나서 하나님을 알고 사랑하지 아니하는 자는 하
나님을 알지 못하나니 이는 하나님은 사랑이심이라
· 요한일서 4:7~8

그리스도인들을 무섭고 끔찍하게 박해했던 시대
에 한 성도가 순교하기 직전 이렇게 말했습니다.

나를 저주하십시오. 당신이 나를 저주하면 할수록
　나는 더욱 당신을 사랑할 것입니다.
나에게 침을 뱉어 보십시오. 그러면 나는 당신에게
　사랑의 숨결을 뿜어낼 것입니다.
나를 구타하십시오. 나는 신음소리로 사랑을 고백
　할 것입니다.
나를 찌르십시오. 나는 당신을 사랑한다고 절규할
　것입니다.
나를 짐승의 먹이로 던지십시오. 나는 사랑의 제물
　이 될 것입니다.
나를 불태우십시오. 그러면 나는 사랑의 열기로 당
　신의 증오의 가슴을 녹일 것입니다.

사랑할 때 비로소 우리들은 용서를 알게 됩니다.
사랑할 때 비로소 우리들은 이해할 수 있습니다.
사랑할 때 비로소 우리들은 참으로 하나님을 알게
　　됩니다.
사랑할 때 비로소 우리들은 주님을 닮아갑니다.

# 사랑의 확인

은총의 표징을 내게 보이소서 그러면 나를 미워하는 저희가 보고 부끄러워
하오리니 여호와여 주는 나를 돕고 위로하심이니이다 ·시편 86:17

서로 사랑하는 것을 알고 있어도 그 사랑이 확인되
지 않으면 애인도, 부부도 멀어질 수밖에 없습니다. 어떤 아주
무뚝뚝한 경상도 사나이가 결혼을 했습니다. 그는 결혼 첫날밤
에 신부에게 이러한 선언을 했습니다. "나는 낯간지럽고 간사
하게 사랑한다는 말은 절대 못하는 사람이다. 그러나 오늘은 결
혼한 첫날이니까 오늘밤에 딱 한번만 하겠다. 이 한번은 평생
유효하다는 것을 알고 있어라. 나는 너를 사랑한다."

이 말은 들은 신부는 매우 기막혔지만 지혜로운 여인이었기
때문에 이렇게 대답했습니다. "여보, 당신이 모르는 문제가 나
한테 한가지 있어요. 이것은 매우 심각한 문제예요. 다른 문제
는 없는데 이상하게 어떤 얘기를 들으면 자꾸자꾸 잊어버려요.
그래서 당신이 그 말을 날마다 해주지 않으면 나는 그 말을 잊
어버릴 거예요."

이처럼 우리 인간에게는 사랑의 확인이 꼭 필요합니다.

# 7 한 어머니의 마지막 유언

네 마음을 다하고 목숨을 다하고 뜻을 다하고 힘을 다하여 주 너의 하나님
을 사랑하라 하신 것이요 둘째는 이것이니 네 이웃을 네 몸과 같이 사랑하
라 하신 것이라 이에서 더 큰 계명이 없느니라   ·마가복음 12:30~31

　　　　　뉴욕 타임스의 베스트 셀러로 소개되었고 우리 나
라에도 번역된 「마음을 열어주는 101가지 이야기」라는 책이 있
습니다. 이 책을 보면 존 웨인 쉴레터라는 사람이 자신의 어머니
에 대한 이야기를 했습니다. 그의 어머니는 세상을 떠나기 전 자
기 병상에 모여든 자녀들에게 아주 흥미로운 유언을 남겼습니
다. 죽음 앞의 고통 중에도 어머니는 의식을 차려 이렇게 자녀들
에게 말했습니다.

　"내 사랑하는 자녀들아 내가 죽은 다음에 내 무덤에는 어떠
한 꽃도 가져오지 말아라. 왜냐하면 나는 무덤에 없을 테니까.
나는 육체를 떠나면 곧장 유럽으로 갈 예정이다. 네 아빠가 밤낮
유럽에 데려간다고 약속만 했다가 한번도 가보지 못했잖니."

　그때 어머니의 임종 앞에 침통한 마음으로 있던 자녀들은 웃
지 않을 수 없었습니다. 어머니는 다시 자녀들을 바라보시며 "내
일 아침에 다시 만나자" 라고 말하며 눈을 감았다고 합니다.

　이런 어머니의 모습, 바로 지식 있는 어머니라는 표현보다 지
혜로운 어머니라는 표현이 적절할 것입니다. 떠나가면서도 자
녀들에게 이런 아름다운 모습을 남길 수 있었던 어머니의 지혜
가 아름답습니다. 그 어머니는 돌아가시면서 또 하나의 작은 메

모를 남겼습니다. 그 메모에는 유언 같은 시가 기록되었는데 그
시가 더욱 감동스럽습니다.

　　내가 죽은 후에 나 때문에 울고 싶다면 사랑하
　는 아이들아 너희 곁에 있는 형제들을 위하여 울
　어다오.
　　너희의 두 팔을 들어 나를 껴안고 싶거든 내게
　주고 싶은 바를 네 형제들에게 베풀어다오.
　아이들아 나를 만나고 싶거든 내가 알았던 그리
　고 내가 사랑했던 사람들 속에서 나를 찾아다오.
　　너희가 어미 없이 살 수 없다고 느끼거든 나로
　하여금 너희의 눈, 너희의 마음, 너희의 친절한
　행동 속에 살게 해다오.
　　사랑은 죽지 않는 것.
　　그러므로 나를 대신해 내 사랑을 너희 이웃들
　에게 베풀어다오.

# 사랑의 넓이

능히 모든 성도와 함께 지식에 넘치는 그리스도의 사랑을 알아 그 넓이와
길이와 높이와 깊이가 어떠함을 깨달아 하나님의 모든 충만하신 것으로 너
희에게 충만하게 하시기를 구하노라  ·에베소서 3:18~19

제가 결혼할 당시 결혼을 앞둔 젊은이들 사이에는
"결혼은 사랑의 무덤이다"라는 말이 유행했었습니다. 저는 그
말이 맞다고 믿었습니다. 결혼하면 처음에는 의지적으로 사랑
하겠지만 늘 부딪치고 살다보면 사랑의 불타는 감정은 모두 사
라지고 그저 정으로 사는 것이겠지 생각했습니다. 그래서 저는
결혼하면 사랑의 애틋하고 달콤함은 금새 사라질 것으로 알았
습니다. 그런데 막상 결혼을 하고 나니까 오히려 시간이 갈수록
더 아내를 생각하게 되고 한순간도 옆에 없으면 못 살 지경이었
습니다. 저는 주야로 아내를 생각하다보니 저절로 아내 때문에
나훈아가 부른 노래를 좋아하게 되었습니다.

이 세상에 하나밖에 둘도 없는 내 여인아
보고 또 보고 또 쳐다봐도 싫지 않은 내 사랑아
비 내리는 여름날엔 내 가슴은 우산이 되고
눈 내리는 겨울날엔 내 가슴은 불이 되리라
온 세상을 다 준대도 바꿀 수 없는 내 여인아
잠시라도 떨어져도 못 살 것 같은 내 사랑아

사람은 누구나 사랑하게 되면 사랑의 대상이 그 마음을 지배하고 다스리게 됩니다. 사랑하면 할수록 그는 내 삶의 가장 중요하고 소중한 부분이 되는 것입니다. 그래서 바울은 다음과 같이 말합니다.

"나는 여러분들이 그리스도의 사랑을 알게 되기를 바랍니다. 그리고 그리스도가 여러분의 모든 사고와 존재의 영역을 지배하는 주인이 되시기를 원합니다. 저는 여러분이 그리스도의 사랑의 넓이를 알았으면 좋겠습니다."

# 나보다 나를 더 사랑하시는 주님

아버지께서 나를 사랑하신 것 같이 나도 너희를 사랑하였으니 나의 사랑 안에 거하라 ·요한복음 15:9

전도를 너무 잘하는 여대생이 있었습니다. 그 학생은 평소에도 얼마나 하나님의 말씀에 감동 받고 전도를 잘하는지 항상 '예수 없이 살 수 없어요' 라는 말을 입에 붙이고 살 정도였습니다. 그래서 '예수 없이 살 수 없어요' 라는 별명까지 생겼습니다.

그런데 하루는 그 여대생이 목사님에게 찾아와서 이렇게 말합니다. "목사님, 저는 오늘 굉장히 새롭고 놀라운 사실을 발견했어요."

그래서 목사님은 "그 예수 없이 살 수 없다는 얘기 말인가?" 라고 물었습니다.

그러자 그 학생은 고개를 저으며 이렇게 대답했습니다. "아니에요. 목사님, 그보다 더 위대한 사실을 깨달았어요. 그것은 나뿐만 아니라 예수님께서도 나 없이 사실 수 없다는 사실이에요."

주님께서는 우리가 주님을 필요로 하는 것 이상으로 우리를 필요로 하십니다. 우리가 가지고 있는 괴로움은 나 자신 스스로를 알지 못하는 것에서 시작됩니다. 나도 어떻게 할 수 없는 나의 존재가 나를 괴롭히기 때문입니다. 그러나 나도 모르는 나의 삶의 깊이와 불안한 미래를 단번에 아시는 그분은 우리를 필요로 하시고 또 우리를 사랑하십니다.

성경은 "하나님이 세상을 이처럼 사랑하사 독생자를 주셨으니" 라고 말씀하십니다. 그 말씀을 통해서 하나님께서는 자신의 독생자인 예수를 대신 십자가에 달아 죽이실 만큼 우리를 사랑하신다는 것을 알 수 있습니다. 이 말씀을 읽고 있던 성 아우구스티누스는 이렇게 말했습니다.

참으로 이상하고도 놀라운 일이다! 만약 내가 창조주 하나님이었다면 벌써 이 세상을 심판해 버렸을 텐데, 이상하게도 하나님은 나를 사랑하시다니? 그분은 사랑하시는 것도 나 한 사람밖에는 사랑할 사람이 없는 것처럼 날 사랑하신다. 아니 내가 이 세상에 남아 있는 유일한 생존자라고 할지라도 그분은 나를 위해 십자가에 목숨을 버리셨을 것이다.

# 10 주님께서 기뻐하시는 이웃 사랑

임금이 대답하여 가라사대 내가 진실로 너희에게 이르노니 너희가 여기 내 형제 중에 지극히 작은 자 하나에게 한 것이 곧 내게 한 것이니라 하시고 · 마태복음 25:40

어느 교회야사에 보면 예수님을 찾아간 동방박사가 세 사람이 아닌 네 사람으로 되어있습니다. 그 네 번째 박사는 주님께 드릴 예물로 의약품을 가지고 있었습니다. 주님을 찾아가는 여행 도중 사막을 지나다가 병들어 신음하는 환자를 발견하게 되었습니다. 그는 환자를 보고 그대로 지나칠 수 없어 세 명의 박사를 먼저 보낸 후 그는 남아 자기의 식량과 의약품을 사용하여 그 환자를 정성껏 간호를 했습니다.

여러 날이 지나고 그 환자가 소생하게 되었지만 그 때는 이미 주님께 드릴 의약품을 다 써버린 후였습니다. 그리고 환자를 돌보느라 너무 피곤해서 더 이상 여행을 할 수도 없었습니다. 그래서 네 번째 박사는 환자 곁에 엎드려서 주님께 기도하기 시작했습니다.

"사랑하는 주님, 저는 메시아이신 주님의 탄생을 경배하기 위해 의약품을 가지고 왔습니다. 그러나 저는 이 아픈 사람을 그냥 두고 갈 수 없어서 이 사람을 위하여 의약품을 다 써버렸습니다. 이제는 길을 안내하는 사람도 없고 몸도 너무 지쳐서 더 이상 갈 수가 없습니다. 그러나 주님! 제가 주님을 너무나 사랑합니다. 그리고 주님이 이 땅에 오심을 진심으로 환영하고 경배합니다. 제 마음을 알아주십시오."

　그가 기도를 마쳤을 때 놀랍게도 그의 곁에서 신음하던 환자
는 주님의 모습으로 앉아있었습니다.

✠✠✠✠✠✠

### 마지막으로 하고 싶은 말

　어떤 독일 마을에 예수를 신실하게 믿는 자매가
혀암으로 판정을 받아 혀를 절단하는 수술을 받아
야만 했습니다. 의사와 간호사들은 수술을 하기 직
전 그녀에게 물었습니다.

　"이제 마지막으로 하고 싶은 말이 있습니까?"

　그들은 그 자매에게 혀를 잃기 전에 마지막으로
하고 싶은 말을 물었습니다. 그녀는 마지막으로 이
런 감격스럽고 아름다운 고백을 남겼습니다.

　"주 예수님, 주님의 은혜가 이미 저에게 족합니다.
제가 주 예수님을 진심으로 사랑하며 찬양합니다."

# 11 아가페 사랑

유월절 전에 예수께서 자기가 세상을 떠나 아버지께로 돌아가실 때
가 이른줄 아시고 세상에있는 자기 사람들을 사랑하시되 끝까지 사랑
하시니라 ·요한복음 13:1

　　어느 마을에 인형을 무척 좋아하는 제인이라는 소
녀가 살고 있었습니다. 어느 날 집에 놀러오신 이웃집 아저씨에
게 그 소녀는 여러 가지 인형들을 보여주며 자랑했습니다. 인형
을 보고 있던 아저씨가 갑자기 소녀에게 이렇게 물었습니다.
"제인아! 너는 이것들 중에 어떤 인형을 제일 좋아하니?" 그 물
음에 소녀는 입을 꼭 다물고 한참동안 생각에 잠겼습니다.
　　잠시 후 소녀는 아저씨를 바라보며 "아저씨, 제가 좋아하는
인형을 보여 드릴게요. 그런데 한 가지 약속을 해주세요. 제가
인형을 보여드릴 때 절대로 웃지 않겠다구요" 라고 말했습니다.
아저씨는 이상했지만 소녀와 약속하고는 인형을 가져올 때까
지 기다렸습니다. 소녀는 방안에 들어가더니 코는 주저앉고 팔
다리는 다 떨어져 나간 낡은 인형 하나를 들고 나왔습니다.
　　아저씨는 그 인형을 보며 조심스럽게 물었습니다. "아! 이 인
형을 제일 좋아하는 구나. 그런데 한 가지 물어봐도 될까? 무슨
이유 때문에 너는 이 인형을 제일 좋아하니?" 제인은 이렇게 대
답했습니다. "왜냐 하면요, 이 인형은 제가 사랑해주지 않으면
아무도 사랑해 줄 사람이 없으니까요." 이 작은 소녀 제인의 대
답에서 아가페 사랑을 볼 수 있습니다.

# 사랑의 언어

내가 사람의 방언과 천사의 말을 할찌라도 사랑이 없으면 소리나는
구리와 울리는 꽹과리가 되고 ・고린도전서 13:1

유명한 전도자인 D. L. 무디(D. L. Moody)가 설교를
마치고 나서 사람들과 인사를 나누고 있는데 어느 대학에서 문
학을 가르치고 있는 교수가 다가와서 이렇게 말했습니다.

"목사님, 설교는 너무 좋았습니다만 유감스럽게도 문법적으
로 틀린 부분이 50여 군데나 되는군요."

그 말은 들은 무디는 이런 대답을 했습니다.

"충고해 주셔서 감사합니다. 그런데 선생님께 물어보고 싶
은 것이 한 가지 있습니다. 저는 감격스럽게도 지금까지 문법도
안 맞는 엉망진창인 언어로 수천 명의 영혼을 주님께로 인도할
수 있었습니다. 그런데 선생님께서는 그 정확하신 언어로 몇 사
람이나 그리스도 앞으로 인도하셨는지요?"

주님께서는 거창한 웅변보다는 위대한 사랑으로 목마른 이
웃들을 찾아가 사랑의 생수를 전달하는 것을 원하십니다.

# 13 눈물 있는 사랑

내가 내게 있는 모든 것으로 구제하고 또 내 몸을 불사르게 내어 줄지
라도 사랑이 없으면 내게 아무 유익이 없느니라 ·고린도전서 13:3

한 부인이 신앙상담을 하기 위해 스위팅 박사를 찾
아왔습니다. "저는 전도 훈련도 열심히 받았고, 성경 암송도 익
숙할 정도로 많이 했습니다. 그런데 지금까지 저는 단 한사람도
주님 앞으로 인도하지 못했습니다. 오늘도 이웃집의 한 자매를
전도하려고 했지만 아무 성과도 없었습니다. 왜 그럴까요? 박
사님."

스위팅 박사는 부인의 질문에 이렇게 대답했습니다. "그 이
유는 아마도 당신의 눈에 사랑의 눈물이 메말라 있기 때문일 것
입니다. 시편 126편 6절을 보면 '울며 씨를 뿌리는 자는 기쁨으
로 단을 거두리라' 라고 시편기자는 약속하고 있지 않습니까?'

부인은 박사의 대답을 듣고 즉시 집에 돌아가 주님께 사랑이
부족한 자신의 모습을 진심으로 회개하며 하나님의 사랑을 구
했습니다. 그리하여 그 날이 다 저물기 전에 그녀는 이웃의 자
매를 주님께로 인도할 수가 있었습니다.

# 14 사랑의 힘

모든 것을 참으며 모든 것을 믿으며 모든 것을 바라며 모든 것을 견디
느니라 · 고린도전서 13:7

어떤 잡지에 이런 기사가 실려 있었습니다.

엘리나라는 78세 된 화란 출신의 할머니가 있었습니다. 이 할머니의 평생 소원은 담배를 끊는 것이었다고 합니다. 그래서 할머니는 50년간 담배를 끊기 위해 클리닉에도 가보고 약도 먹어보았지만 번번이 실패하였습니다. 할 수 있는 것이라면 무슨 노력이라도 하면서 세월을 보내다 보니 할머니는 어느새 78세가 되었다는 것입니다.

그런데 어느 날 엘리나 할머니가 79세 된 제이슨이라는 할아버지를 만나게 되었습니다. 그리고 이들은 뒤늦게 사랑에 빠져 연애를 하게 되었습니다. 제이슨 할아버지가 할머니에게 말하기를 "나는 당신과 결혼하고 싶은데 단 한 가지 때문에 당신과 결혼하는 것이 마음에 걸리오. 당신이 담배를 피운다는 것이 나와 맞지 않는 거 같소"라고 했답니다. 그러자 이 할머니는 "그래요? 그러면 제가 담배를 끊지요"라면서 그 순간부터 담배를 끊었답니다. 그녀의 50년간 이루지 못한 평생 소원이 이루어진 것입니다. 이 기사의 마지막 줄에는 "나는 이 경험을 통해서 사랑의 힘은 의지의 힘보다 위대하다는 것을 깨달았다"라는 할머니의 멋진 고백이 실려있었습니다.

# 15 사랑의 순례

이러므로 그리스도께서 우리를 받아 하나님께 영광을 돌리심과 같이
너희도 서로 받으라 ·로마서 15:7

유명한 아시시의 성자인 프란시스가 구원받은 지
얼마 되지 않아 겪은 이야기입니다. 어느 날 그는 길을 가다가
우연히 나환자를 만났습니다. 그 나환자를 본 순간 마음에서 전
쟁이 일어났습니다. 한편은 그에게 가서 기도해 주고 싶은 마음
이었고, 다른 한편은 '그에게 병이 전염되면 어떡하나' 라는 두
려움의 마음이었습니다. 결국 두려움의 마음이 이겨 나환자를
그냥 지나쳐 가도록 만들었습니다.

그런데 성령님께서 그의 다른 마음을 움직이기 시작하시고
부담을 주셨습니다. 그는 마음에 생긴 부담 때문에 그 자리에
서서 기도했습니다.

"주님, 제가 나환자를 그냥 지나쳤는데 그것이 잘못입니까?"

그러자 주님께서 "네가 왜 그를 그냥 지나쳤느냐?" 라고 물으
셨습니다.

그는 솔직하게 "그가 너무 더럽게 느껴져서 그 병이 전염될
까봐 그랬습니다" 라고 고백했습니다.

그 때에 그에게 주님의 음성이 들렸습니다.

"너는 그 더러운 나환자보다 나으냐? 너는 이전에 그 나환자
보다도 더 더럽혀진 죄인이었다. 그런데 난 그런 너의 모습을

그대로 받아주고 사랑했단다."

　그 순간 그는 나환자보다 더 추하고 더러운 죄인이었던 자신에게 주님이 찾아와 사랑으로 받아주셨음을 다시 한번 깨닫게 됩니다. 그래서 그는 다시 나환자에게 돌아가 그에게 입맞추고 축복을 합니다.

　이때부터 아시시의 성자 프란시스는 알베르나의 산록에서 마지막 숨을 거두기까지 끊임없는 사랑의 순례를 하게 됩니다. 그리고 그는 생(生)의 목숨이 다하는 순간에 "나의 사랑, 나의 전부이신 예수여!" 라는 고백을 합니다.

# 모두 소중한 아들

자기 아들을 아끼지 아니 하시고 우리 모든 사람을 위하여 내어주신
이가 어찌 그 아들과 함께 모든 것을 은사로 주지 아니하겠느뇨
· 로마서 8:32

저는 예전에 다른 목사님들로부터 이런 예화를 들은 적이 있습니다. 아들을 다섯이나 둔 어떤 사람이 아들이 하나도 없는 친구와 만나 저녁을 먹으면서 이런 저런 담소를 나누었답니다. 그러다가 아들이 하나도 없는 친구가 "자네는 복도 많구려. 아들이 다섯이나 되니 말이야. 그 중 하나만 내게 줄 수 없겠나?" 라고 물었습니다. 아들 다섯 둔 사람은 웃으면서 "그래, 그렇게 하지. 우리 사이에 그것이 문제인가? 다섯 아들 중 하나를 줄 테니 자네 아들로 삼아 잘 키워보게나" 라며 엉뚱한 친구의 요청에 대답했습니다.

집에 돌아온 아들 다섯 둔 사람은 아내에게 친구와 만나서 나누었던 이야기를 했습니다. 그러자 펄쩍 뛰며 아내는 "말도 안 돼요. 절대 그럴 수 없어요" 라며 완강히 반대했습니다. 그렇지만 그는 이미 친구와 약속한 것이니 지켜야 한다고 우기며, 다섯 아들이 잠자고 있는 방에 들어갔습니다.

그리고 어떤 아들을 줄 것인지 생각하기 시작했습니다. 한 명씩 쳐다보면서, 첫째 아들은 장남이라서 안 되겠고, 둘째 아들은 다섯 아들 중에 제일 똑똑하고 지혜로우니 안 되겠고, 셋째 아들은 제일 잘 생겼을 뿐더러 자기를 쏙 빼 닮은 아들이라

안되겠다는 생각이 들었습니다. 그래서 넷째 아들을 보니 그 아이는 늘 몸이 약해서 아플 때가 많았는데 준다고 생각하니 불쌍한 생각이 들었습니다. 그래서 마지막으로 막내아들을 보는 순간 눈물이 왈칵 나면서 도저히 줄 수 없을 것 같다는 생각이 들었답니다.

그 순간 그는 하나님께서 여러 명도 아닌 단 하나뿐인 외아들을 이 세상에 보내시기까지 우리를 사랑하셨다는 사실을 다시금 깊이 깨닫게 되었답니다.

# 17 아버지의 마음

율법이 가입한 것은 범죄를 더하게 하려 함이라 그러나 죄가 더한
곳에 은혜가 더욱 넘쳤나니 • 로마서 5:20

시골에 사는 어떤 아들이 아버지의 반대에도 불구
하고 집을 나가려고 했습니다. 아버지는 아들을 떠나보내는 것
이 못내 걱정스럽고 안타까웠습니다.

"아들아, 나는 네가 꼭 다시 돌아오리라고 믿는단다. 그 날이
언제가 될지 모르지만 나는 너를 한결같이 기다리고 있을 게다.
혹시 일이 잘못되어 네게 어려움이 생기면 언제든지 집으로 돌
아오렴. 아버지가 받아주지 않으면 어떻게 하나 하는 의심일랑
일체 하지 말거라. 어디서나 네가 붉은 단풍을 보게 되면 바로
그 심정으로 내가 너를 기다리고 있다는 것을 잊지 말거라."

아들을 그렇게 보낸 후 몇 해가 지나갔습니다. 아들에게는
아무런 소식도 없었지만, 아버지는 가을이 되면 더욱 간절하게
집밖으로 나와 서성이며 기다립니다.

그런데 그 해에는 유난히도 단풍이 일찍 지고 없었습니다.
그것을 본 아버지는 안 되겠다 싶어 가족들에게 홑이불을 단풍
색깔로 물들여 나뭇가지에도, 지붕에도, 돌아오는 아들이 볼 수
있는 곳 어디에든지 덮어두라고 시켰습니다.

그런데 어떻게 된 일인지 아들은 아버지가 계신 고향집으로
돌아오고 있었습니다. 아들은 걸어오면서 단풍나무며 지붕이

며 온통 붉은 빛으로 물들인 홑이불이 덮여있는 것을 보고 애타게 자기를 기다리는 아버지의 심정을 깨닫고 눈물을 흘렸습니다.

✢✢✢✢✢✢

참고 기다리는 사랑

영국을 영적으로나 도덕적으로 뒤집어놓은 하나님의 아들들이 자라난 한 가정의 이야기입니다.

어느 날 존 웨슬레의 아버지는 그의 아내 수산나에게 이렇게 물었습니다.

"아니 수산나, 당신은 도대체 저렇게 머리가 나쁜 아이들에게 어떻게 스무 번씩이나 똑같은 말로 타이를 수가 있단 말이요? 당신도 참 대단하오"

수산나는 남편의 말에 이렇게 대답했답니다.

"여보, 만일 내가 열 아홉 번만 이야기했더라면 내 말은 헛수고가 될 뻔하지 않았겠어요"

참 사랑은 오래 참습니다.

# 아버지라는 이름

너희는 다시 무서워하는 종의 영을 받지 아니하였고 양자의 영을 받았
으므로 아바 아버지라 부르짖느니라  · 로마서 8:15

　　제가 처음 교회에 나왔을 때 가장 어색하게 느껴졌
던 것이 있습니다. 그것은 모든 분들이 기도할 때마다 '아버지'
라는 단어를 사용하는 것이었습니다. 인간적으로 혈육의 아버지
가 계신데 굳이 하나님을 아버지라고 부르는 이유는 뭘까? 그래
도 '아버지' 라고 부르는 것은 괜찮았지만 북한이 고향이신 어르
신네들은 "아바지시여!" 라고 부르짖는 것이 너무 촌스럽게 느껴
졌습니다.

　　제 마음에는 하나님이 우리를 만드신 절대적인 신이시니까
좀더 거창하면서도 그분의 위엄을 나타낼 수 있는 단어로 표현하
면 좋겠다고 생각했습니다. 그래서 다른 사람이 제게 기도를 시
키면 언제나 "창조주이시며 모든 만물의 주관자이신 하나님!" 이
라고 거창한 서두로 하나님께 기도했습니다.

　　그런데 어느 날 하나님께서 나를 사랑하실 때의 마음을 알게
되었습니다. 그 사랑은 아버지가 자식을 사랑하듯 나를 사랑하시
기 때문에 이 땅에 친히 사람의 몸으로 오셔서 나의 죄를 지시고
죽으셨다는 사실이었습니다.

　　혈육의 아버지가 자식을 사랑하는 심정, 그 이상의 마음으로
나를 사랑하셨던 하나님! 그 순간 '아버지' 라는 단어만큼 가장

제 마음을 대신 할 말이 없음을 깨닫게 되었고 저 역시 "나를 사랑하신 아버지!" 라고 외칠 수밖에 없었습니다.

✛✛✛✛✛✛

어거스틴의 회심

유명한 성 어거스틴이 예수를 믿고 하나님 앞에 돌아온 후, 어느 날 길을 가다가 옛날에 사귀던 여자를 만났습니다. 그 때 어거스틴은 그 여자를 모른 척하고 지나가려고 하는데 그 여자가 따라오더랍니다.

"어거스틴, 나예요. 왜 모른 척 지나가는 거예요." 막무가내로 쫓아오는 여자에게 어거스틴은 돌아서서 이런 말을 했다고 합니다. "너는 너지만, 나는 내가 아니오. 당신은 당신이지만, 나는 더 이상 내가 아니란 말이오. 난 새로운 사람으로 변했소. 그렇기 때문에 당신이 알던 내가 아니라는 말이오."

예수님을 믿고 새로운 피조물이 되었는데 아직도 옛 사람이 범하는 죄 가운데 계속 거하고 있지는 않습니까?

# 사랑이 기초가 되는 지식

우상의 제물에 대하여는 우리가 다 지식이 있는 줄을 아나 지식은
교만하게 하며 사랑은 덕을 세우나니 ·고린도전서 8:1

집을 지을 때 기초공사가 잘 되어야 튼튼하듯이 지식을 쌓는 데에도 기초공사가 필요합니다. 이 말의 뜻은 지식에는 바로 사랑이 기초가 되어야 한다는 말입니다. 사랑이 없는 지식 쌓기는 때때로 부정적인 결과를 낳기도 합니다. 그런 예가 있습니다.

어떤 감옥에 간수가 한 명 있었습니다. 그는 수많은 죄인들을 대하면서 그들이 죄를 짓는 이유가 제대로 배우지 못한 탓이라고 믿었습니다. 그래서 그에게 있어서 지식은 바로 삶의 목표이며 신념과도 같았습니다.

그러던 어느 날 한 젊은이가 수감되어 감옥에 들어오게 되었는데, 그는 글을 쓸 줄도 읽을 줄도 모르는 문맹(文盲)이었습니다. 그를 본 간수는 아는 것이 힘이고 배워야 산다는 신념에 따라 시간이 나는 대로 젊은이에게 글을 가르치기 시작했습니다. 처음에 젊은이는 꺼려했지만 간수의 끊임없는 설득에 의해서 글을 배우고 지식을 쌓기 시작했습니다.

그렇게 하루 이틀 지식을 쌓는 동안 세월이 흘러 젊은이는 출감하게 되었습니다. 간수는 기뻐하며 세상에 나가 지식을 풀어 쓸 기회가 왔다며 격려해 주었습니다.

그런데 얼마 지나지 않아 젊은이는 다시 교도소에 들어오게 되었습니다. 바로 그의 죄명은 문서위조죄였습니다.

이렇듯 사랑이 없이 쌓여진 지식은 때때로 좋지 못한 결과를 초래하고 맙니다.

# 제 아내가 되어주셔서

내가 광야 마른 땅에서 너를 권고하였거늘 저희가 먹이운 대로 배부르
며 배부름으로 마음이 교만하며 이로 인하여 나를 잊었느니라
· 호세아 13:5-6

저는 지금도 총각 시절을 생각하면 절로 웃음이 납니다. 저의 모습은 젊은 청년답지 않게 늘 몸이 약했거든요. 그래서 '어떤 여자가 이런 나를 좋아하겠는가' 라는 생각에 결혼에 대해서 늘 비관적이었고 그 때문에 장가는 당연히 못 갈 줄 알았습니다.

더욱이 전도사 시절에는 빈혈이 심해서 1년에 한 두 번씩은 설교 도중에 쓰러졌다면 말 다한 거지요. 그 뿐 아니라 그런 빈약한 모습을 그 당시 처가 식구들이 다 보고 있었습니다.

그래서 아내가 저와 결혼한다고 했을 때 식구들이 모두 두 손들고 반대할 수밖에 없었습니다. 그런데도 아내는 하나님께 기도하며 가족들의 심한 반대에도 불구하고 제게 시집을 와 주었습니다. 이 얼마나 감사한 일이 아닙니까?

"정말 제 아내가 되어주셔서 몸 둘 바를 모르겠습니다." 첫날밤 아내의 얼굴을 보기만 해도 좋아서 입이 벌어지고 황홀하기만 했습니다. 그런데 문제는 평생동안 아내를 업고 살아도 모자랄 판에 요새는 봐도 그저 그렇다는 것입니다.

이런 마음은 하나님과 우리 믿는 사람들과의 관계도 그런 것 같습니다. 하나님께 놀라운 은혜를 받았어도 처음과 달리 그것

에 익숙해지면 그것을 은혜나 축복으로 생각하지 않는다는 사
실입니다.

✛✛✛✛✛✛

생활이 되어버린 복수

역사적으로나 전통적으로 폴리네시안 섬사람들의 전
투성은 많은 사람들에게 잘 알려져 있을 정도로 유
명합니다. 그 섬 중의 한 곳에서는 오랫동안 전해져
내려오는 습관이 있었습니다. 그것은 개인적으로나
가정적으로 남에게 피해를 당한 사실이 있으면 붉은
헝겊에 그 내용을 기록하여 자신의 오두막집 추녀
밑에 주렁주렁 매달아 두는 습관입니다. 그래서 언제
나 매달아 놓은 붉은 헝겊을 볼 때마다 헝겊에 쓰
여진 가슴 아픈 상처들을 읽고 또 되뇌어 읽으면서
항상 복수의 마음을 불태우는 것입니다. 그리하여
이 섬사람들에게 복수는 그들의 삶의 방식이 되었습
니다.

# 21 입술의 범죄

사람이 무슨 무익한 말을 하든지 심판날에 이에 대하여 심문을 받으리 니 네 말로 의롭다 함을 받고 네 말로 정죄함을 받으리라
· 마태복음 12:36, 37

　　고대의 로마시대에 기독교를 몹시 미워하고 박해 하던 황제가 있었습니다. 그는 어느 날 기독교도인을 불러 나사 렛 예수의 이름을 들먹이며, 죽음을 앞에 둔 기독교도를 조롱했 습니다.

　"도대체 너가 믿는 주라고 하는 목수 나사렛 예수는 어디서 무엇을 하느냐!"

　그의 조롱에 앞에 서 있던 기독교도는 주님의 능력으로 충만 하여 그 황제의 영혼을 주께 드리면서 황제에게 이렇게 대답했 습니다.

　"폐하! 나사렛 예수는 그의 하늘나라의 목공실에서 폐하를 위하여 관을 만들고 계십니다." 그 말이 끝나자마자 하나님을 망령되게 말하던 황제는 그 자리에서 그 인생의 최후를 맞이했 습니다.

# 22 명예의 탐심

저희에게 이르시되 삼가 모든 탐심을 물리치라 사람의 생명이 그 소유의 넉넉함에 있지 아니하니라 하시고 ·누가복음 12:15

한 마을에 존 부스라는 청년이 있었습니다. 그는 어렸을 때부터 똑똑한 형과 비교를 당하며 자랐으며 부모님께 야단을 맞을 때면 늘 '나는 못나서 그렇다'라는 생각을 했습니다. 그의 형은 매사에 일을 잘 처리하는 모범생이었고 나중에 아주 **훌륭한 정치가**가 되었습니다. 항상 그런 형에 대하여 많은 콤플렉스를 느끼며 살았지만 그의 마음 한 구석에는 '나도 유명한 사람이 되고 싶은데 어떻게 해야 유명한 사람이 될 수 있을까?'라는 생각이 늘 가득했습니다.

그러다가 드디어 그에게 좋은 생각이 떠올랐습니다. '내가 아주 유명한 사람을 죽이면 나도 유명해 지겠지?' 그래서 그가 죽이기로 마음먹은 사람이 링컨 대통령이었습니다. 그 청년은 주저함 없이 링컨 대통령을 향하여 방아쇠를 당겼습니다.

한 시대가 낳은 훌륭한 위인을 죽였던 그 청년의 죄의 동기는 바로 명예에 대한 탐심이었습니다.

# 죽음을 부른 소유의 욕심

부하려 하는 자들은 시험과 올무와 여러 가지 어리석고 해로운 정욕에
떨어지나니 곧 사람으로 침륜과 멸망에 빠지게 하는 것이라
· 디모데전서 6:9

톨스토이가 즐겨하던 이야기 중에 어떤 농부의 이
야기입니다. 어느 날 한 농부가 왕에게 엄청난 제안을 받았습니
다. "네가 하루 동안 밟고 걸어다니는 땅은 모두 다 네 것으로
주겠다." 이 농부는 그 다음날 아침 일찍 일어나자마자 뛰기 시
작했습니다. 하루 동안에 많은 땅을 차지하기 위해서는 최대한
빠르게, 그리고 좀더 많은 땅을 밟아야 하기 때문에 힘을 다하
여 밤늦게까지 전력을 다해서 뛰었습니다. 그러나 그는 그 많은
땅을 차지하고 나서 자신이 시작했던 출발점에 도달했을 때, 모
든 힘을 다 쏟아버린 나머지 쓰러져 죽고 말았습니다. 소유에
대한 욕심이 너무나 지나쳤기 때문입니다.

이 이야기는 단순히 어리석거나 우스운 이야기가 아닙니다.
지금 우리가 살아가는 이 시대에도 이러한 방식으로 살아가는
사람은 아주 많습니다.

# 거짓 부부

그러므로 나 만군의 여호와 이스라엘의 하나님이 이같이 말하노라 보라 내가 유다와 예루살렘 모든 거민에게 나의 그들에게 대하여 선포한 모든 재앙을 내리리니 이는 내가 그들에게 말하여도 듣지 아니하며 불러도 대답지 아니함이니라 하셨다 하라 ·예레미야 35:17

아주 오래 전 전도사 시절에 어느 부인과 면담했던 내용입니다. 그 부인은 남편이 월남전에 참전한 기간동안 홀로 남아있는 외로움을 달래기 위해 다른 남자와 만나 불륜의 관계를 가졌던 여인이었습니다. 남편과 함께 월남전에 있던 친구가 고국으로 먼저 돌아왔다가 친구 부인의 불륜을 알고 이 부인의 부정한 생활을 남편에게 폭로하였습니다.

월남전에서 돌아온 그 부인의 남편은 무섭도록 냉정한 성격을 가진 사람이라 이 문제를 자신만의 독특한 방법으로 처리하기로 결심했습니다. 그는 아무 일도 없었던 것처럼 평소같이 정확하게 회사에 출근하고 집에도 정확하게 퇴근했습니다. 그뿐만 아니라 가정과 자녀를 향한 경제적인 책임과 아버지로서의 역할을 아주 성실하게 지켰습니다.

그러나 집안에서 아내와는 절대로 대화를 하지 않았고 마치 아내가 없는 것처럼 무시하며 한 집안에서 생활을 했습니다. 겉으로는 부부였지만 속으로는 전혀 남남이었던 것입니다. 그 부인의 마음과 몸은 날이 갈수록 병들어 갔고 남편과 이혼하는 것이 차라리 나을 것 같다는 생각에 상담을 요청해 온 것입니다.

# 너 자신을 아는 것

젊은 자들아 이와 같이 장로들에게 순복하고 다 서로 겸손으로 허리를
동이라 하나님이 교만한 자를 대적하시되 겸손한 자들에게는 은혜를
주시느니라 ·베드로전서 5:5

소크라테스 시대에 대표적인 지성인으로 꼽힌 소
피스트들은 마치 자신들이 모르는 것이라고는 아무것도 없는
것처럼 행동했습니다. 이런 오만하고 교만한 지식인들을 보면
서 소크라테스는 슬픈 마음이 들었습니다. 그래서 그는 그들과
의 차별성을 강조하기 위하여 이런 말을 했습니다.

"저 사람들은 실제로 아무것도 모르면서 정작 자신이 모르
고 있다는 사실조차 모른다. 내가 저들과 다른 점이 한 가지 있
다면 나는 내가 모른다는 사실만은 알고 있다는 것이다. 너 자
신을 알라."

우스개 소리로 만일 수학 선생님 같으면 "네 분수를 알라",
국어 선생님 같으면 "네 주제를 알라", 지리 선생님 같으면 "네
자리를 알라", 미술 선생님 같으면 "네 꼬라지를 알라"고 했을
것입니다.

# 어리석은 자존심

미련한 자는 자기 행위를 바른 줄로 여기나 지혜로운 자는 권고를 듣느니라 ·잠언 12:15

미국인 선교사인 모르갠 박사는 인디언 마을만 찾아다니면서 인디언들에게 복음을 전했습니다. 그렇기 때문에 인디언 마을에 대해서만큼은 상당히 정확한 정보와 지식을 가지고 있었습니다.

어느 날 그는 숲 속을 지나가다 우연히 길을 잃은 인디언 청년을 만나게 되었습니다. 모르갠 박사는 친절하게 "젊은이! 길을 잃었나요?"라고 물었습니다.

이 인디언 청년은 자기들의 생활 터전인 숲 속에서 길을 잃었다는 것이 너무나 창피했습니다. 더욱이 백인에게 그런 말을 한다는 것은 더욱 자존심이 상해서 이렇게 대답합니다.

"아뇨, 난 길을 잃은 것이 아니라 단지 내 오두막집이 없어져서 찾고 있소"

# 너도나도 정신병 환자

모든 사람의 결국이 일반인 그것은 해 아래서 모든 일 중에 악한것이
니 곧 인생의 마음에 악이 가득하여 평생에 미친 마음을 품다가 후에
는 죽은 자에게로 돌아가는 것이라 ·전도서 9:3

용인에 한 정신병원이 있는데 제가 1년에 한 두 번
정도 설교를 하러 갔습니다. 어느 날 제가 설교를 하고 있을 때
한 사람이 중간에서 킬킬거리고 웃기 시작했습니다. 이 병원에
서 예배가 허락된 사람들은 비교적 증상이 심하지 않은 환자들
인데 한 사람이 막 웃기 시작하니까 옆에 앉아 있는 사람이 그
를 쿡쿡 찌르면서 이렇게 말하는 것입니다.

"얘는 미쳤어요. 미쳤어."

미친 사람이 미친 사람보고 미쳤다고 하는 것을 보고 있자니
우스워서 견딜 수가 없더군요. 그래서 강대상에서 설교를 하던
저도 함께 웃어 버렸습니다.

그런데 한 사람이 저를 보고도 "저 사람도 미쳤다"고 하는
것이었습니다. 저는 제가 미친 것을 그 날 처음 발견했습니다.

# 끊임없는 두려움

사랑 안에 두려움이 없고 온전한 사랑이 두려움을 내어쫓나니 두려움
에는 형벌이 있음이라 두려워하는 자는 사랑 안에서 온전히 이루지 못
하였느니라 ・요한일서 4:18

인도의 설화 중에 이런 이야기가 있습니다.

어떤 마술사가 쥐 한 마리를 관찰하다가 쥐가 고양이 앞에서 벌벌 떨며 두려워하는 모습을 보았습니다. 한참 동안 관찰하던 마술사의 마음에 쥐가 불쌍해지기 시작했습니다. 그래서 마술사는 마술을 부려서 이 쥐를 고양이로 변하게 했습니다.

그런데 변신한 고양이가 또 다시 두려워하기 시작합니다. 이번에는 개를 몹시 두려워했습니다. 더 불쌍하게 느낀 마술사는 다시 한번 마술을 사용해서 이 고양이를 개로 만들어 주었습니다. 그런데 개가 된 고양이는 개가 되자마자 이번에는 호랑이를 두려워하기 시작했습니다. 이 모습도 불쌍히 여긴 마술사는 또 다시 마술을 부려 호랑이로 변신시켜 주었습니다.

그런데 변신하자마자 호랑이는 사냥꾼의 총을 두려워하기 시작합니다. 두려워하는 호랑이를 보면서 마술사는 모든 것을 포기하며 이렇게 말합니다. "내가 아무리 해보았자 너의 두려움이 끝나지 않으므로 너는 별 수 없는 쥐새끼다. 다시 쥐로 돌아가라." 그래서 다시 원래 모습인 쥐로 돌아왔습니다.

이 설화는 우리의 삶 속에서 끊임없이 엄습해오는 두려움을 피하지 못하고 비틀거리는 인간의 모습을 상징한 것입니다.

# 욕심과 질투의 말로

만일 서로 물고 먹으면 피차 멸망할까 조심하라 · 갈라디아서 5:15

유대인들의 랍비 이야기 중에 하나입니다. 어느 날 한 천사가 두 여행객을 만나 함께 여행을 했습니다. 그런데 그 중에 한 사람은 아주 욕심이 많은 사람이었고 또 한 사람은 아주 질투심이 많은 사람이었습니다. 한참을 여행하다가 헤어지는 시간이 되었을 때 천사가 이렇게 말했습니다.

"두 분 중에서 먼저 한 분이 저에게 소원을 말하시면 제가 그 분의 소원을 들어 드리겠습니다. 그리고 두 번째 분에게는 첫 번째 사람이 얻은 것에 두 배를 드리겠습니다."

생각지도 않은 행운에 기뻐해야 할 두 여행객은 오히려 심각한 고민에 빠졌습니다. 욕심 많은 사람은 자신이 먼저 이야기했다가는 두 번째 사람이 자기보다 더 많이 얻을 것이므로 말하지 못했고, 질투가 많은 사람은 상대방이 자기보다 더 얻는 것을 견딜 수 없어 가만히 있었습니다.

그래서 서로 먼저 말하기를 기다리다가 둘 다 아무 말도 안 하고 침묵하는 시간이 계속되었습니다. 인내심이 극에 달한 욕심 많은 사람은 참다못해 질투심 많은 사람의 목을 꽉 잡고 이렇게 말했습니다.

"야! 네가 먼저 얘기해. 말 안 하면 죽인다."

그러자 질투 많은 사람이 고민하다가 이렇게 소원을 말하는 것입니다.

"내 소원은 눈 하나가 장님이 되는 것입니다."

그 순간 어떻게 되었을까요? 질투 많은 사람은 눈 하나만 장님이 되었고 욕심 많은 사람은 두 눈이 다 멀어버렸습니다.

# 혼돈을 만드는 정치인

이 날부터는 저희가 예수를 죽이려고 모의하니라 ·요한복음 11:53

몇 명의 친구들끼리 모여서 이 세상에 가장 오래된 직업이 무엇인지를 이야기했습니다. 먼저 의사 친구가 말을 꺼내었습니다. "가장 오래된 직업은 당연히 의사야."

다른 친구들이 그 이유를 묻자 그 의사 친구는 이렇게 대답했습니다. "하나님께서 아담의 갈비뼈를 뽑으셨던 때부터 수술이 있지 않았는가?"

그러자 옆에 있던 건축가 친구가 고개를 좌우로 흔들면서 반박했습니다. "아냐, 건축이 먼저지. 하나님이 우주를 창조하시기 위해 세계를 설계하실 때부터 건축업은 이미 있었네."

옆에서 깊은 사색에 잠겨 있던 철학자 친구가 무겁게 입을 열어 말했습니다. "자네도 잘 모르는군. 성경에 보면 세상이 창조되기 이전에 땅이 혼돈했다고 했네. 벌써 그때부터 혼돈이라는 철학적인 관념이 존재했다네."

그때 정치가 친구는 다른 친구들의 이야기를 듣다가 더 이상 참지 못하겠다는 듯이 한바탕 웃으면서 이렇게 말했습니다. "아니, 이 친구들 여태 그것도 모르는가? 그 혼돈을 만드는 장본인이 바로 우리 아닌가? 흐흐흐…"

예수님이 계셨던 당시의 대제사장들은 단순한 종교인이 아니라 일종의 정치가들이었습니다. 나라를 올바로 이끌어가야 할 중요한 위치에 있는 사람들이 오히려 나라를 혼란하게 만드는 장본인이 되어 죄가 없는 예수님을 죽이려고 음모를 꾸몄던 것입니다.

# 혀의 파괴력

혀는 곧 불이요 불의의 세계라 혀는 우리 지체 중에서 온 몸을 더럽히
고 생의 바퀴를 불사르나니 그 사르는 것이 지옥불에서 나느니라
· 야고보서 3:6

　　　　　예전에 「애틀랜타 저널」이라는 잡지에 모간 블레
이크라는 사람이 매우 인상 깊은 기사를 쓴 적이 있었습니다.
그 내용은 우리의 혀가 초래할 수 있는 중상 모략의 파괴력에
관하여 시사한 글이었습니다.

　　나는 다른 사람에게 치명적인 타격을 가할 수 있는 힘
　　　과 기술을 가지고 있다.
　　나는 사람을 죽이지 않고도 승리할 수 있다.
　　나는 가정과 교회와 국가를 파괴한다.
　　나는 수많은 사람의 인생을 파괴한다.
　　나는 바람의 날개를 타고 여행한다.
　　아무리 순결한 사람이라도 내게는 무력하며 아무리 정
　　　결한 사람도 내게는 무력하다.
　　나는 진리와 정의와 사랑을 경멸한다.
　　나는 나의 희생자를 전 역사와 전세계에 갖고 있다.
　　나는 바다의 모래보다 더 많은 나의 노예를 거느린다.
　　나는 결코 망각하지 않으며, 결코 용서하지 않는다.
　　나의 이름은 중상 모략이다.

다른 사람들의 신상에 관하여 이야기하는 것은 그 사람의 인격과 생애에 다시는 회복할 수 없는 큰 상처를 남깁니다. 혀의 영향력은 이처럼 무섭습니다.

✚✚✚✚✚✚

### 거짓말하는 죄

어느 교회의 주일학교 어린이가 엄마에게 질문을 합니다. "엄마, 도적질하는 것과 거짓말하는 것 중 어느 것이 더 나쁜 거예요?" 엄마는 이 아이에게 "그야 물론 도적질하는 것이 더 나쁘지"라고 대답해 주었습니다. 그러나 이 아이의 생각은 엄마의 생각과 전혀 달랐습니다.

"엄마! 아니에요. 엄마는 틀렸어요. 거짓말이 훨씬 더 나빠요. 왜냐하면 도둑질은 돌려줄 수가 있지만 거짓말은 돌려줄 수 없잖아요."

# 투기의 악마성

그러나 너희 마음속에 독한 시기와 다툼이 있으면 자랑하지 말라 진리를 거스려 거짓하지 말라 이러한 지혜는 위로부터 내려온 것이 아니요 세상적이요 정욕적이요 마귀적이니  •야고보서 3:14,15

오스카 와일드가 투기의 악마성을 비유의 글로 설명한 이야기가 있습니다.  어느 날 마귀의 부하들이 리비안 사막을 지나다가 우연히 성자가 되기 위해 길을 떠난 한 순례자를 만나게 되었습니다. 마귀의 부하들은 이 순례자의 발걸음을 돌리게 하려고 세상의 아름다움을 보여주기도 하고 이성의 쾌락을 연상시키기도 하는 등 모든 방법을 다 동원했습니다. 그러나 부하들은 순례자의 마음을 돌리지 못하고 결국 실패하고 말았습니다. 그 사정을 대장 마귀에게 보고하자 대장 마귀는 그 부하들에게 잠자코 나를 따르라고 하면서 길 가던 순례자에게 접근하였습니다. 그리고 그의 귀에 은근한 목소리로 무슨 말을 속삭이자 갑자기 순례자는 얼굴을 일그러뜨리며 발걸음을 돌이키는 것이었습니다. 말 한마디에 순례자를 무너뜨린 것을 본 부하들은 무슨 말을 했는지 궁금해졌습니다.

부하들이 내막을 묻자 마귀는 빙그레 웃으면서 이렇게 말했습니다. "아주 간단하지, 나는 순례자에게 너의 동생이 방금 알렉산드리아의 대주교가 되었다고 했지." 그 마귀는 계속해서 졸개들에게 이렇게 귀띔을 해주었습니다. "인간들은 투기하게만 만들어 놓으면 손쉽게 우리 손에 들어올 수 있게 돼."

# 죄의 합리화

악인의 길은 어둠 같아서 그가 거쳐 넘어져도 그것이 무엇인지 깨닫지
못하느니라 ·잠언 4:19

1931년 5월 미국 뉴욕에서는 사람을 잘 죽이기로
유명한 크라울리(Crowley)라는 살인범이 경찰에 의해서 체포
된 사건이 있었습니다. 그는 어느 정도로 사람을 잘 죽이냐 하
면, 우연히 길가는 사람이 잘못해 그의 모자를 건드리기라도 하
면 "왜 기분 나쁘게 내 모자를 건드리냐"고 하면서 총을 쏠 정
도였습니다. 지나가는 사람뿐 아니라 신분증을 제시하라는 경
찰까지도 죽이는 등 수없이 많은 사람들을 잔인하게 살해했습
니다.

그런데 더욱 놀라운 사실은 그렇게 많은 사람을 죽이면서도
그는 한번도 죄책감을 느끼지 않는 것은 물론이고 오히려 자기
가 언제나 정당하다고 느끼는 것입니다. 그는 항상 정당한 이유
로 살인했기 때문에 절대로 잘못한 일이 없다고 생각했습니다.
그러나 체포되어 사형을 언도 받은 후 전기의자에 앉은 마지막
순간에 이르러서야 그는 마침내 이렇게 고백했습니다.

"내가 오늘 나의 삶을 비참하게 사형으로 마치는 것은 내 죄
를 끝까지 합리화하려고 했기 때문이었습니다."

# 착각

사람들은 자기를 사랑하며 돈을 사랑하며 자긍하며 교만하며 훼방하며
부모를 거역하며 감사치 아니하며 거룩하지 아니하며
• 디모데후서 3:2

어떤 여학교의 수업시간에 선생님이 학생들에게
나르시시즘(Narcissism)이라는 단어를 설명하였습니다. 선생님
은 나르시시즘이라는 단어가 그리스 신화에서 유래되었다고
말씀하시면서 그 신화의 내용을 얘기해주셨습니다. 나르시스
라는 열 여섯 살 된 소년이 숲 속의 은빛 고요한 호수를 지나다
가 우연히 물에 비친 자기의 얼굴을 보게 되었습니다. 소년은
그 얼굴이 너무나 사랑스러워서 사랑을 고백했지만 상대방이
아무 반응을 보이지 않자 그만 호수에 빠지고 말았습니다. 그래
서 그 소년이 수선화가 되었다는 이야기입니다.

바로 이 신화에서 나르시시즘이라는 단어가 유래되었는데
그 단어의 뜻은 자기를 지나치게 사랑하는 병, 즉 자애병이라고
했습니다. 이 설명을 듣고 있던 한 여학생이 손을 들더니 이렇
게 말했습니다.

"선생님, 제가 아무래도 그 병에 걸린 것 같아요."

"정말? 왜 그렇게 생각하니?"

"저는 아침마다 거울을 보면 거울에 비친 제 모습이 너무나
아름다워서 거울 앞을 떠날 수가 없거든요."

"이봐 학생, 그것은 자애병이 아니라 착각이라는 병이란다."

# 35 웃지 못할 이야기

어리석음을 버리고 생명을 얻으라 명철의 길을 행하라 하느니라
· 잠언 9:6

　　　　김영삼 대통령의 정권 막바지에 이르러는 엄청난 경제적인 위기의 바람이 불어닥쳤습니다. 우리는 국제화 시대에 어울리는 모양새를 갖추기도 전에 IMF라는 국제적인 용어만을 습득하게 되어버렸습니다. IMF라는 용어는 시골 사람들뿐만 아니라 어린아이들까지 모르는 사람이 없을 정도였습니다. 그때 사오정 시리즈처럼 세상 사람들의 입에 오르내리던 조크가 있습니다.  IMF에 돌입하기 직전 참모 하나가 대통령에게 보고를 했답니다.

　"각하, 이제는 더 이상 버틸 수가 없습니다. IMF로 진입해야 할 것 같습니다."

　대통령이 이렇게 물었습니다.

　"IMF가 뭐꼬?"

　"각하, IMF는 국제통화기금의 약자입니다."

　"어쩌자고 국민들이 그렇게 '국제통화'를 많이 했는고?' 라고 하더랍니다.

# 동전 한 닢의 가치밖에 안 되는 죄

너는 말씀을 가지고 여호와께로 돌아와서 아뢰기를 모든 불의를 제
하시고 선한 바를 받으소서 우리가 입술로 수송아지를 대신하여 주
께 드리리이다  ·호세아 14:2

하루는 아버지가 예쁜 그림이 그려진 화병을 하나
사왔습니다. 겉에 그려진 그림 때문인지 속이 보이지 않는 큰 화
병입니다. 아버지는 가끔 그 화병 속에 땡그랑 소리가 나게 동전
을 집어넣습니다. 그 집의 꼬마는 아빠가 동전을 넣을 때마다 궁
금하다는 듯이 고개를 갸우뚱합니다. 그러던 어느 날 꼬마는 화
병이 거실 바닥에 있는 것을 보고 신이 나서 달려갑니다. 그리고
화병 안에 손을 집어 넣어보았습니다. 동전이 손에 잡혔습니다.

그러나 꼬마가 화병에서 손을 빼려고 하는 순간 일이 벌어졌
습니다. 그만 병 안에 넣었던 손이 빠지지 않는 것입니다. 콧등
에 땀이 날 정도로 안간힘을 썼지만 손이 빠지지 않자, 두려움에
소리를 지르며 울어댑니다. 아이의 울음소리에 놀라서 달려온
식구들은 아이의 손을 빼내보려고 애를 씁니다. 비누칠을 하고
식용유를 발라 보아도 손이 빠지지 않습니다. 시간이 흐를수록
가족들의 마음은 긴장되고 안타깝기만 합니다. 그런데 갑자기
아이가 이렇게 말합니다.

"아빠, 나 손에 쥐고 있는 것이 있어. 그것을 놓으면 내 손이
빠질까?"

"무엇을 쥐고 있는데?"

"아빠가 넣은 동전이야."

이제까지 손이 안 빠졌던 이유는 바로 동전 한 닢을 움켜쥐고 있었기 때문이었습니다.

"그럼, 동전을 놔야지."

쥐고 있던 동전을 놓자, 아이의 손은 쉽게 빠졌습니다.

우리들도 어쩌면 동전 하나의 가치밖에 안 되는 죄를 붙들고 는 안간힘을 쓰며 고민하고 고통스러워하며 살고 있지 않습니까? 손에 쥐고 있는 것을 놓아야 합니다. 그것은 죄에서 돌이켜 회개하는 것입니다.

# 죄의 무게

만일 우리가 우리 죄를 자백하면 저는 미쁘시고 의로우사 우리 죄를
사하시며 모든 불의에서 우리를 깨끗게 하실 것이요
· 요한일서 1:9

어느 목사님께서 집회 때에 죄가 얼마나 무거운 것
이며, 그 죄가 우리를 어떻게 억누르는 가에 대하여 설교했습니
다. 예배를 마친 후 어떤 청년이 찾아와서 이런 질문을 했습니
다. "목사님, 죄의 무게가 얼마나 됩니까? 저는 죄의 무게를 전
혀 느낄 수 없습니다. 죄의 무게가 50Kg입니까? 아니면 100Kg
입니까?"

이때 목사님은 청년에게 이렇게 되물었습니다. "이보게 청년,
죽어있는 송장 위에 100Kg의 짐을 얹어 놓아 보게. 그 시체가
그 무게를 느끼겠는가?" "죽은 송장은 느낄 수가 없지요."

우리는 하나님과 관계가 끊어져 있으면 영적으로 무감각한
상태에 놓여 자신이 죄인이라는 사실조차 깨닫지 못하게 됩니
다. 이것이 모든 현대인들의 상태입니다. 거리로 나가 "당신은
죄인입니다" 라고 전도해보면 거의 대부분 죄인임을 거부하고
반발합니다. 왜냐하면 그들은 죄의 무게를 느끼지 못하기 때문
입니다.

예전에 한 2년 동안 수원에 있는 교도소에 매주 목요일마다
가서 전도를 했습니다. 제가 2년간 교도소를 출입하면서 얻은
결론은 "수원 교도소 안에는 죄수가 한 사람도 없다" 는 것입니

다. 사람마다 사연을 들어보면 모두가 억울하게 들어온 사람뿐 죄수는 한 사람도 없었습니다.

죄인됨의 깨달음이 없는 사람은 자기의 죄를 인정하지 않지만 진정한 깨달음이 있는 그리스도인들은 기도할 때마다 하나님 앞에서 죄인됨을 고백합니다.

# 반복되는 역사

그 세대 사람도 다 그 열조에게로 돌아갔고 그 후에 일어난 다른 세대
는 여호와를 알지 못하며 여호와께서 이스라엘을 위하여 행하신 일도
알지 못하였더라  · 사사기 2:10

제가 좋아하는 이야기 가운데 하나입니다. 학교 선
생님이 어떤 학생에게 시험 성적이 좋지 않아서 학교에 아버지
를 불러오도록 했습니다. 그래서 학생과 그의 아버지가 함께 학
교에 왔습니다. 그리고 담임 선생님과 대화를 하기 시작했습니
다. 담임 선생님은 역사를 가르치는 분이셨는데, 이 아버지는
아들의 성적 얘기를 나누다가 갑자기 담임 선생님에게 이렇게
물었습니다.

"선생님, 그래도 제 아들이 선생님이 가르치시는 역사 과목
은 다른 과목에 비해 곧잘 할 테지요?" 담임 선생님은 학생 아버
지의 물음에 아무런 대답도 하지 않고 도리어 이렇게 되물었습
니다. "아버님은 옛날에 학교 다니실 때 역사 과목이 어떠셨나
요? 잘하셨나요?" 그러자 아버지가 쑥스러운 듯이 "그게… 썩
잘하지는 못했어요"라고 대답했습니다. 이에 대한 담임 선생님
의 말이 걸작입니다. "역사는 반복되는 것입니다."

한 역사가는 "우리가 역사에서 배우는 가장 큰 교훈이 있다
면 그것은 사람들이 과거의 역사를 통해 아무것도 배우지 않는
다는 사실이다"라고 말했습니다. 지나간 역사를 모르는 사람은
과거의 실패를 오늘의 역사에 되풀이할 수밖에 없습니다.

# 39 제 방으로 오세요

심령이 가난한 자는 복이 있나니 천국이 저희 것임이요 • 마태복음 5:3

　　해마다 크리스마스 때가 되면 마음을 따뜻하게 해주는 이야기들이 있는데, 이 이야기는 그 중에서도 제가 가장 좋아하는 것입니다. 이 이야기는 캐나다 몬트리올에 있는 크리스천 초등학교(Christian Elementary School)에서 일어난 실화입니다. 크리스마스가 가까워오는 어느 날, 이 학교에서는 성탄을 맞이하여 크리스마스 특별 드라마를 준비하기 위해 연극에 등장할 배우들을 모집했습니다.

　　그런데 그 학교에는 랄프라는 4학년 학생이 있었는데, 그는 다른 누구보다도 연극을 하고 싶어했습니다. 그러나 그는 연극에 출연하기 어려운 조건들을 가지고 있었습니다. 그가 연극에 출연하기 힘들었던 이유는 선천적으로 말을 더듬고, 생각도 민첩하지 못한 일종의 정서 장애를 갖고 있었기 때문입니다. 비록 장애는 심했지만 그래도 랄프는 연극을 하고 싶었습니다.

　　그래서 선생님은 어떻게 해서든지 랄프에게 용기를 주고 싶어서 배역을 하나 맡기기로 결정했습니다. 선생님은 랄프에게 가장 적합한 배역이 무엇일까 곰곰이 생각해보다가 액션이 별로 없고 대사도 가장 적은 배역 하나를 찾아냈습니다. 그것은 바로 요셉과 어린 예수님을 잉태하고 있는 마리아를 맞이하는 여관 주인의 역할이었습니다.

랄프가 맡은 장면은 요셉이 아기를 밴 마리아를 데리고 와서 여관 문을 두드렸을 때, 여관 주인이 나와서 한마디 말만 하면 끝나는 것이었습니다. 그 대사는 "방이 없어요"라는 단 한마디입니다. 선생님은 이 대사 정도는 랄프가 충분히 감당할 수 있으리라고 생각했습니다.

그래서 선생님은 매일 랄프에게 열심히 연극 연습을 시켰습니다. 랄프도 "방이 없어요"라는 한마디이니까 정성스럽게 또박또박 발음하는 연습을 했습니다. 연극의 내용상 요셉과 마리아가 여관 주인과 몇 마디 더 주고받는 상황이기 때문에, 요셉이 "그럼, 큰일났는데요. 제 아내가 곧 아기를 낳을 것 같아요. 어떻게 좀 봐 주세요"라고 말하면 "방 없어요"라고 같은 말을 세 번 반복하기로 서로 합의했습니다.

드디어 기다리던 크리스마스가 되었습니다. 연극이 시작되자 연극을 지도했던 모든 선생님들은 숨을 죽이고 랄프가 어떻게 역할을 감당하는가를 지켜보고 있었습니다. 마침내 요셉이 마리아를 데리고 여관 앞에 도착하는 장면이 되었습니다. 고통스러워하는 마리아를 부축하며 요셉은 다급히 여관 문을 두드립니다. 드디어 여관 주인이 나왔습니다. 랄프는 나와서 또박또박 연습한대로 말을 했습니다. "방 없어요." 그러나 요셉과 마리아는 가지 않고 여관 주인에게 한번 더 매달렸습니다. "그럼, 큰일났는데요. 제 아내가 곧 아기를 낳을 것 같습니다. 어떻게 저에게 방을 줄 수 없나요?" "방 없어요." 그때까지 랄프는 아주 또박또박 맡은 배역을 잘 해나갔습니다. 이제 한 번만 더 하면 대성공이었습니다. 요셉이 마지막으로 사정합니다. "이렇게 사정하겠습니다. 이 추운데 어디로 가란 말입니까? 곧 아기가 나올 것 같은데요. 부탁드립니다. 저희에게 방을 좀 주세요." 이 말을 듣자 갑자기 랄프의 눈에는 눈물이 글썽거리기 시작했습니다. 그리고는 큰 소리로 이렇게 말하는 것입니다. "그러면요. 제 방으로 오세요." 랄프는 연극의 약속을 깼고 그 이후의 내용은 완전히 망가졌습니다.

그러나 랄프의 그 말 뒤에 숙연한 감동이 물밀 듯 밀려들었습니다. "그러면요. 제 방으로 오세요." 단순한 마음을 가진 사람들이 그리스도를 받아드릴 수 있습니다. 가난한 마음을 가진 사람들의 마음 속에 하나님의 아들 예수 그리스도는 지금도 오실 수 있습니다. 그것이 크리스마스의 사건인 것입니다.

# 판사의 긍휼

긍휼을 행하지 아니하는 자에게는 긍휼 없는 심판이 있으리라 긍휼은
심판을 이기고 자랑하느니라  · 야고보서 2:13

　우리가 비행기를 타고 미국 뉴욕을 가게 되면 일반
적으로 케네디 공항에 도착합니다. 그런데 뉴욕에는 케네디 공
항 외에 또 하나의 공항이 있습니다. 그 공항은 라구아디아 공
항입니다. 본래 이 라구아디아라는 이름은 뉴욕 시민이 아주 사
랑했던 유명한 한 시장의 이름입니다. 라구아디아는 시장이 되
기 전에 아주 유명한 명 판사였습니다.

　추운 겨울 어느 날 한번은 라구아디아 판사가 재판석상에서
한 노인을 만나게 되었습니다. 그 노인은 추운 겨울에 가족들
없이 외롭게 사는 분이었습니다. 그는 돈도 없고 너무나 배고픈
나머지 다른 사람의 지갑에서 20불을 훔치다가 체포되어 법정
에 서게 되었습니다. 판결을 하기 전에 마지막으로 판사가 그
노인에게 이렇게 물었습니다. "노인장, 하실 말씀이 있습니까?"

　이 노인은 라구아디아 판사를 가만히 쳐다보다가 이런 말을
했습니다. "판사님, 저에게 한번만 긍휼을 베풀어주십시오."

　잠시 동안 그 노인장을 조용히 굽어보던 판사는 이렇게 대답
을 합니다. "맞습니다. 노인장에게는 정말 긍휼이 필요하시군
요. 그러나 노인이 잘못한 그 20불에 대해서는 책임을 져야 합
니다. 마침 제게 10불이 있군요. 제가 이 10불을 노인장을 대신

해서 변상하겠습니다. 노인장을 춥고 배고프도록 버려둔 데에는 저의 책임도 상당히 크기 때문입니다. 그렇다면 10불이 더 필요한데 여기 계신, 이 법정에 계신, 방청하시는 여러분, 우리 사회와 여러분도 이 노인이 춥고 배고파 방황하도록 그리고 도둑질하도록 버려둔 데, 여러분도 공동 책임이 있습니다. 이 노인을 위해 자유롭고 자발적으로 기부를 좀 하시죠."

　그 자리에 모인 사람들은 이 재판관의 명판결을 보고 감동하여 자발적으로 헌금을 하여 그 노인을 구했습니다. 그 후 뉴욕 시민들은 라구아디아 판사를 긍휼이 많은 판사라고 인정하였고 그는 후일에 존경받는 시장이 되었습니다.

# 그게 무슨 뜻?

다 치우쳐 한가지로 무익하게 되고 선을 행하는 자는 없나니 하나도
없도다 · 로마서 3:12

어느 날 한국 사람이 미국 사람과 인도 사람에게
식사를 대접하기 위해 함께 식당으로 갔습니다. 그들이 앉은 테
이블에 웨이터가 오자 한국 사람이 음식을 주문했습니다. 그는
미국 사람과 인도 사람에게 비프스테이크를 대접하고 싶어서
웨이터에게 비프스테이크 3인분을 부탁했습니다.

그런데 웨이터가 말하기를 "죄송하지만, 비프스테이크가 떨
어졌습니다"라고 말하는 것입니다. 그런데 웨이터의 말에 손님
의 반응은 각각 너무나 달랐습니다.

미국 사람은 이런 반응을 보였습니다. "아니, 떨어졌다니? 그
게 무슨 말입니까? 도대체 어떻게 해서 소고기가 없을 수 있다
는 말입니까?" 미국 사람은 풍요의 나라에 살다보니까 소고기
가 없다는 말을 이해할 수 없었습니다.

인도 사람은 또 이런 반응을 보입니다. "비프스테이크가 도
대체 뭡니까? 소를 먹다니요?" 인도 사람에게 소는 경배하는 대
상이지 먹는 것이 아니었기 때문에 그 말을 납득할 수 없었습니
다.

마지막으로 한국 사람은 어떠한 반응을 보였을까요? 한국
사람은 이런 반응을 보였답니다. "죄송하다는 뜻이 무슨 뜻입

니까?"

한국 사람이 이해하지 못한 것은 '죄송합니다'라는 말이었습니다. 그런 상황에서 뭐가 그리 죄송하다는 것입니까? 그럴 수도 있지… 잘못했다는 말을 잘 이해할 수 없다는 말입니다.

우리는 잘못을 인정할 줄 알고 낮아질 줄 알아야 합니다.

✚✚✚✚✚✚

모든 사람은 죄인

영국에서 일어난 에피소드입니다. 한 청년이 장난 삼아 보낸 한 통의 편지가 우스꽝스러운 결과를 낳았습니다. 런던의 유명인사 20명이 거의 같은 시각에 모두 런던에서 자취를 감추고 말았다고 합니다.

긴급전문 *"모든 것이 들통났으니 속히 피신하기 바람."*

그 청년은 단순히 재미로 런던의 유명인사 20명을 뽑아 명단을 작성해서 일제히 같은 전문을 발송했을 뿐입니다.

# 헛된 인생의 목표

주의 율례에서 떠나는 자는 주께서 다 멸시하셨으니 저희 궤사는 허무함이니이다 · 시편 119:118

과거 러시아의 수도인 페체르부르크에 아까끼에 비치라는 노인이 살고 있었습니다. 사람들이 그 노인에게 "당신의 평생 소원이 무엇입니까?" 혹은 "인생의 목표가 무엇입니까?"라고 묻기라도 하면 그는 조금도 주저하지 않고 매번 이렇게 대답했습니다. "내 인생의 목표는 아주 고급 외투를 갖는 것이오." 그의 인생의 목표는 오직 고급 외투를 하나 갖는 것이었습니다. 그런 것이 어떻게 인생의 목표가 될 수 있을지 의아하게 생각할지 몰라도 그의 소원은 오직 고급 외투였습니다.

그 노인은 인생의 목표를 달성하기 위하여 평생 동안 일하고 저축했습니다. 오직 고급 외투를 위해서 열심히 노동을 했습니다. 그리고 드디어 그는 80루불의 돈을 저축하여 꿈에 그리던 그 외투를 샀습니다. 그 노인은 그 고급 외투를 입고 한번 고급 사교파티에 멋지게 등장해서 그 곳에 모인 사람들에게 외투를 자랑하고 싶었습니다. 그 날은 노인에게 성공한 날이자 인생의 목적을 이룰 수 있는 날이었습니다. 그의 마음은 큰 기대감과 흥분된 마음으로 가득 찼습니다.

그러나 안타깝게도 그는 외투를 사 가지고 집으로 돌아오다가 그만 강도를 만나게 되었습니다. 힘없는 노인은 강도에게 그

비싼 고급 외투를 강탈당했습니다. 그 노인은 매우 절망했습니다. 그 노인은 단순히 고급 외투를 강탈당한 것이 아니었습니다. 그날 그는 그의 성공을 강탈당하고 그의 행복을 강탈당했습니다. 그날 이후 그 노인은 좌절의 늪에 빠졌고 너무 속상한 나머지 하루하루를 시름시름 앓다가 결국 죽고 말았습니다.

그 후 페체르부르크에 추운 겨울이 되면, 이 거리에 이 노인의 유령이 나타나서 비명처럼 지르는 소리가 사람들의 귀에 들렸다고 합니다. 이 이야기는 고골리라는 사람이 쓴 단편소설 「외투」라는 소설에 나오는 이야기입니다. 이 노인의 목표는 고급 외투였지만 어떤 사람은 열심히 돈을 벌어서 좀 더 좋은 아파트에 한번 들어가는 것을 평생 소원으로 하는 사람도 있습니다. 그런 사람들은 평생에 아주 좋은 자동차를 하나 사는 것, 혹은 인생에 어떤 자리하나 차지하는 것, 이 사회의 높은 자리를 얻는 것에 모든 것을 바칩니다.

우리 한국 사람들은 조상을 자랑할 때 "우리 조상이 원님을 지냈다, 무슨 참판을 지냈다, 장관을 지냈다"고 하는데 이것은 전혀 자랑할 거리가 안 됩니다. 그 자리 자체에 무슨 의미를 담는 것이 아닙니다. 그것보다는 그 자리에 있는 동안 무슨 일과 어떤 기여를 했느냐가 중요합니다. 그냥 자리를 차지하는 것, 좋은 집을 갖는 것은 아무런 의미가 없습니다.

소유에서 인생의 행복을 찾는 사람들이 많이 있습니다. 우리가 잘 아는 에리히 프롬(Erich Fromm)이라는 심리학자는 "소유에 행복이 없다. 행복은 존재에 있다. 행복은 바로 나라는 존재에 있다"라고 말했습니다. 소유가 결코 우리에게 행복을 가져다주지 못하는데도 우리는 계속 속고 사는 것입니다.

# 두 번 나면 한번 죽고
# 한번 나면 두 번 죽는다

예수께서 대답하여 가라사대 진실로 진실로 네게 이르노니 사람이 거듭나지 아니하면 하나님 나라를 볼 수 없느니라 ·요한복음 3:3

우리는 예수를 믿지 않는 사람들을 전도할 때 이런 말을 제일 많이 쓰고 있습니다.

"예수 믿고 구원받으세요."

그러나 옛날 청교도들은 예수를 믿지 않는 사람들에게 기독교의 복음을 전할 때 이런 말을 많이 썼습니다.

"사람이 두 번 태어나면 한번만 죽고, 한번만 태어나면 두 번 죽습니다." 이 말에는 참 진리가 들어있습니다.

바로 우리의 육적인 부분과 영적인 부분을 말하고 있습니다. 사람이 두 번 태어나면 한번만 죽는다는 말은 우리가 주님을 영접함으로써 거듭나면 비록 한번 육체는 죽지만, 우리의 영은 결코 죽지 않는다는 말입니다. 그러나 사람이 한번 태어나면 두 번 죽는다는 것은 성경에서 말하는 영원한 사망, 곧 지옥을 말하는 것입니다.

# 기도하는 자의 자식은 결코 망하지 않습니다

눈물을 흘리며 씨를 뿌리는 자는 기쁨으로 거두리로다 · 시편 126:5

역사가 중세기로 들어갈 무렵에 이탈리아의 밀라노의 한 교회당에서 일어난 일입니다. 어느 날 예배 시간도 아닌데 한 부인이 교회당에 들어와서는 교회당 뒤편에 앉아서 고개를 숙이자마자 통곡하고 울기 시작했습니다. 시간이 10분, 20분, 30분이 지나도 통곡소리는 멎지 않았습니다. 그때 그 교회를 지도하시던 암브로우스라는 유명한 감독이 그 모습을 보게 되었습니다. 감독은 통곡하며 우는 걸 보니 부인에게 굉장히 아픈 사연이 있나보다 생각하고 그 부인 곁으로 다가갔습니다.

그리고는 흐느끼고 있는 부인의 어깨를 토닥거리면서 이렇게 물었습니다.

"부인, 뭐 어려운 일이 있으십니까?"

그때 부인이 갑자기 그 암브로우스 감독을 보더니 "감독님, 내 아들이 이단에 빠졌어요. 어떡하면 좋아요"라며 다시 흐느꼈습니다.

그때 암브로우스 감독은 이 부인에게 역사에 남을 만한 위대한 말을 한마디 남겼습니다. "걱정 마세요. 부인. 기도하는 자의 자식은 결코 망하지 않습니다." 통곡을 하던 그 부인은 바로 성 어거스틴의 어머니인 모니카 여사였습니다.

결국 그 어머니에게 어거스틴은 돌아왔습니다. 그리고 다시 어거스틴은 주의 손에 붙들림을 받았습니다. 그리고 교회 역사에 가장 커다란 발자취를 남기는 거대한 거목이 될 수가 있었습니다.

우리가 아무것도 할 수 없다고 느낄 때 아직도 할 수 있는 것은 조용히 지켜보면서 기도하는 것입니다. 기도하면 돌아옵니다.

# 45 내가 하나님이다

가라사대 미혹을 받지 않도록 주의하라 많은 사람이 내 이름으로 와서
이르되 내가 그로라 하며 때가 가까왔다 하겠으나 저희를 좇지 말라
• 누가복음 21:8

제가 예전에 들었던 유머입니다. 어떤 정신병원에
한 정신병자가 들어왔습니다. 그는 늘 하는 소리가 "나는 하나
님의 아들이다. 나는 하나님의 아들이다"라고 외쳐대는 것입니
다. 같은 병원 안에 있는 다른 정신병자 한 사람이 매일 그 소리
를 듣는 게 너무 지겨웠든지 어느 날 그러더랍니다. "야, 나는 너
같은 아들 둔 일이 없다."

AD 44년 경에 유대 땅에 드다라는 사람이 나타났습니다. 그
는 사도행전 5장 36절에 나오는 인물인데, 예수님이 승천을 하
시고 나서 한 10년쯤 지난 후에 태어난 사람입니다. 이 사람은
자기가 부활하고 승천하셨던 예수님의 환생이라고 주장했습니
다. 즉 자기가 예수님이 승천하신 이후 다시 오신 재림한 메시
야라는 거지요. 그가 아주 확신 있게 주장을 하니까 그를 따라
다니는 사람들이 생겼습니다. 그를 따르는 사람들이 많아지자
이 드다라는 인물이 한동안 유대 땅에서 문제가 되었습니다. 그
런데 그 시대의 역사를 읽어보면 이런 재미나는 얘기가 있습니
다.

정말 예수님을 사랑했던 예수님의 제자 중 한 사람이 이 드
다라는 사람에게 가서 이렇게 말합니다. "당신이 다시 온 메시

야라면, 정말 다시 재림한 예수 그리스도라면 당신의 손을 보여 주십시오. 당신의 손에 십자가에 못 박혔던 못 자국이 있다면 당신은 진실로 우리가 기다리는 메시야일 것이요."

제자의 이런 요구에 드다는 자기의 손을 펴지 못하고 그 자리에서 도망갔다고 합니다.

✦✦✦✦✦✦

### 남겨진 상처

학교에서 문제를 일으킨 학생이 상담실에 불려가서 상담 선생님께 이렇게 말했습니다. "선생님, 저는 성을 내기는 하지만 절대 오래 가지는 않습니다."

그 학생의 변명에 선생님이 이렇게 대답했습니다. "자네의 말을 이해할 수 있네. 그러나 학생! 수소폭탄이 떨어져도 오래가지는 않네. 그러나 무엇으로 그 재난의 상처를 복구할 수 있겠는가?"

# 100% 헌신

저가 그리스도의 일을 위하여 죽기에 이르러도 자기 목숨을 돌아보지
아니한 것은 나를 섬기는 너희의 일에 부족함을 채우려 함이니라
· 빌립보서 2:30

영국의 유명한 설교가인 마틴 로이드 존스의 책을
읽다가 이 장면을 보고 제가 얼마나 웃었는지 모릅니다. 영국의
어떤 농부가 소를 기르는데 그 소가 새끼를 두 마리 낳았습니
다. 농부는 송아지가 태어난 것이 너무너무 기뻐서 자기도 모르
게 "할렐루야"를 외쳤습니다. 그는 송아지 새끼 두 마리를 낳고
서 너무 감사한 나머지 당장 자기 부인에게로 달려가 부인에게
이렇게 말했습니다.

"여보, 송아지 새끼가 두 마리야. 하나는 주님의 것으로 하고
주께 드리십시다."

그의 아내도 "아멘"으로 동의했습니다.

그러나 안타깝게도 얼마 후에 송아지 새끼 한 마리가 비실비
실 앓더니 죽었습니다. 죽은 송아지를 본 이 농부는 울상이 되
어 방안에 있는 자기 부인에게 이렇게 말했습니다.

"여보, 큰일났어. 큰일났다고! 주님의 송아지가 죽었어. 주께
드릴 송아지가 죽었단 말이야."

# 지나친 희생

네 마음을 다하고 목숨을 다하고 뜻을 다하고 힘을 다하여 주 너의 하나님을 사랑하라 하신 것이요 · 마가복음 12:30

영국의 캠브리지 대학의 C. T. 스터드라는 한 학생이 있었습니다. 그는 학교에서도 공부에서도 수석을 달리는 학생일뿐 아니라 아주 탁월한 크리켓 운동선수였습니다. 그는 크리켓으로 영국 전체의 시합에서 금메달을 따기도 했습니다. 그에게는 보장된 출세의 길이 그 앞에 열려져 있었습니다.

어느 날 그는 갑자기 캠퍼스 집회에 참석했다가 복음을 깨닫고 예수 그리스도를 영접하게 되었습니다. 그리고 그는 선교사가 되어 아프리카로 가겠노라고 선포했습니다. 학교 당국자들은 그의 재능이 아깝다고 생각했습니다. 보장된 출세의 길 그리고 돈과 명예, 그 앞에 모든 것을 포기하고 선교의 길에 나서자 누군가가 와서 그에게 이런 말을 했습니다. "여보게, 이것은 자네에게 지나친 희생이 아닌가!" 이때 C. T. 스터드는 모든 시대를 사는 그리스도인들에게 의미 있는 말을 남겼습니다.

"하나님의 아들 예수 그리스도가 이 땅에 오셔서 나를 위해, 나를 구원하시기 위해서 십자가에 죽으신 것이 참으로 사실이라면, 그것이 참으로 사실이라면 내가 그를 위해서 바치는 희생은 그 어떤 것도 지나친 희생일 수는 없습니다."

이것이 바로 헌신입니다. 이것이 헌신의 정신인 것입니다.

우리의 헌신은 그 이하일 수 없습니다. 우리의 헌신은 그 이하로 만족해서도 안 되고 만족할 수도 없습니다.

✤✤✤✤✤✤

헌신의 참된 의미

밴스 헤브너라는 유명한 신학자는 헌신의 참된 의미에 대해 이런 말을 했습니다. "헌신은 85%로 만족할 수가 없다." 이런 광경을 상상해보십시오 한 남자나 한 여자가 자기 남편이나 자기 아내를 향해서 "여보, 내가 전체는 못해도 85%는 당신을 향해서 성실할께요"라고 말한다면 이 말을 어떻게 생각하십니까?

이 85%라는 말에는 매우 중요한 전제가 있습니다. 15%는 성실하지 못하겠다는 말입니다. 15%는 성실하지 못하겠다는 말에 만족할 사람은 아무도 없을 것입니다. 이 15%가 문제이고 그 15% 때문에 시험듭니다. 헌신은 절대 85%일 수 없습니다. 헌신은 100%입니다. 사랑이란 전체와 전체를 바꾸는 것입니다. 85%와 15%의 결합이 아니라 100%와 100%를 바꾸는 것입니다.

# 필립의 계란

돌이 무덤에서 굴려 옮기운 것을 보고 들어가니 주 예수의 시체가 뵈지
아니하더라 ·누가복음 24:2∼3

　　미국 목사님이 들려준 감동적인 부활절 스토리입
니다. 주일학교에서 초등학교 3학년생들이 모여서 공부를 하고
있었습니다. 그런데 거기에는 정서 장애를 가진 필립이라는 한
학생이 있었습니다. 필립은 정서 장애자인데도 항상 명랑해서
표정이 밝고 천진난만했습니다. 여러 면에서 장애를 겪고 있는
데도 필립은 성경 말씀만큼은 너무도 좋아했습니다. 예수님도
좋아하고 성경 말씀도 좋아해서 예수님 얘기만 나오면 환하게
웃었습니다.

　어느 부활절 아침, 주일학교 시간에 선생님이 학생들에게 부
활절을 상징하는 계란을 하나씩 나누어주었습니다. 그 계란은
진짜가 아니라 플라스틱으로 만든 계란 모양이었고 반이 열릴
수 있도록 만든 것이었습니다. 선생님은 계란을 나누어주면서
부활에 대한 설명을 한 다음에 아이들에게 15분의 시간을 주며
부활의 생명을 상징하는 것을 교회 정원에 나가서 계란 속에 집
어넣어 가지고 오라고 했습니다. 15분이 지난 후 밖으로 나갔던
아이들이 다시 교실로 모두 돌아왔습니다.

　선생님은 아이들에게 자기가 가지고 온 것들에 대해 하나씩
설명하도록 시켰습니다. 한 아이가 나와서 자기 계란을 열었더

니 거기에는 꽃이 있었습니다. 아름답고 예쁜 꽃은 생명을 상징했습니다. 선생님과 아이들은 살아있는 꽃을 보며 박수를 쳤습니다. 두 번째 아이가 또 자기의 계란을 열었습니다. 이번에는 아주 아름다운 나비가 들어있었습니다. 살아있는 나비는 생명을 상징했습니다. 세 번째 아이가 와서 또 자기의 계란을 열었습니다. 거기서는 돋아나는 파릇파릇한 잎사귀가 있었습니다.

그 다음 네 번째로 필립 차례가 되었습니다. 정서 장애를 겪고 있던 필립이 앞에 나왔습니다. 학생들이 바보 같은 필립이 무엇을 가지고 왔을까 하고 주목했습니다. 필립은 한참을 주저하며 가만히 있었습니다. 그러니까 선생님이 "괜찮아. 필립, 그냥 뭐 가지고 왔니? 한 번 열어봐." 그러니까 필립이 자기의 계란을 조심스럽게 열었습니다. 거기에는 아무것도 없었습니다. 학생들이 손가락질하면서 막 웃어댔습니다. "그럼 그렇지, 필립은 아무것도 못 가지고 왔어." 그런데 필립이 갑자기 이렇게 말하더랍니다. "예수님의 무덤은 비었잖아요."

그때 순간적인 정적과 감동이 그들을 사로잡고 있었습니다. 예수님은 죽음을 이기고 부활하셨기 때문에 예수님의 무덤은 비어있었습니다. 빈 무덤, 그것이 바로 우리의 소망입니다.

# 내 안의 죄

모든 사람이 죄를 범하였으매 하나님의 영광에 이르지 못하더니
· 로마서 3:23

　　　　독일의 아우슈비츠의 참담한 수용소의 생존자였
던 유대인 예이엘 디무르라는 사람의 이야기입니다. 이 사람은
1961년에 예루살렘에서 히틀러 나치의 잔당들에 대한 전범 재
판이 열렸을 때 히틀러의 참모였던 아돌프 아이히만의 전범 증
인으로 소환이 되었습니다.

　　재판관은 예이엘 디무르에게 옆에 앉아 있는 아이히만을 가
리키면서 "저 사람을 똑똑히 봐 주십시오. 저 사람이 아이히만
이 맞습니까? 좀 더 다가가서서 똑바로 보시지요"라고 물었습
니다.

　　재판관의 요구에 예이엘이 한참 동안 아이히만을 쳐다보
다가 그만 그 자리에서 의식을 잃고 졸도해 버렸습니다. 그리고
그는 한참 후에야 정신을 차리고 깨어났습니다. 사람들이 깨어
난 그에게 쓰러진 이유를 물었습니다.

　　"과거의 악몽이 되살아나서 졸도하셨습니까?"

　　"아닙니다."

　　"그러면 증오심 때문에, 당신의 마음 속에 있는 미움 때문에
그 분노를 이기지 못하고 졸도하셨습니까?"

　　"그것도 아니올시다."

"그러면 왜 그랬습니까?"

그때 그 사람의 대답이 이러했습니다. "제가 그 사람을 봤을 때 그 사람이 너무나 평범한 사람이었다는 사실 때문에 저는 놀랐습니다. 너무나 평범한 사람이었기 때문에… 저 사람이 나의 동료들을 어떻게 저 비참한 가스실로 몰아내도록 명령하고 집행한 사람일수가 있었겠는가? 저는 그 사실 앞에 놀란 것입니다."

그는 이어서 이런 충격적인 말을 했습니다.

"나는 나도 아이히만이 될 수 있다는 사실 앞에 놀랐습니다. 나도 저 아이히만이 될 수가 있다. 내 속에도 아이히만이 살고 있다는 사실 앞에 놀란 것입니다. 내 속에도 광기가 있고 미움이 있고 증오가 있고 살인의 광기가 있고 모순이 있고 갈등이 있는 아이히만을 품고 있는 사람이라는 사실 앞에 놀랐습니다."

# 고난을 견디는 힘

생각건대 현재의 고난은 장차 우리에게 나타날 영광과 족히 비교할 수 없도다 · 로마서 8:18

주기철 목사님의 아드님을 통해서 그에게 아버님의 간증을 듣게 되었습니다. 주기철 목사님은 순교하시기 직전에 마지막으로 감옥에서 한번 풀려나게 됩니다. 그러나 이것은 일본 경찰의 시험이었습니다. 그들의 생각에는 이 정도로 모진 고난을 받았으면 생각이 달라졌을 것이라며 목사님을 한번 시험삼아 내보냈던 것입니다. 그러나 목사님은 엉망진창이 된 몸으로 그 감옥에서 풀려났던 그 순간, 그를 기다리던 교회로 직행했습니다.

온 교우들이 사랑하는 목사님을 만났을 때는 이미 일본 경찰대와 경찰대 소속의 고등계 형사들이 교회의 자리를 메우고 있었습니다. 목사님은 일본 경찰이 감시하는 그 자리에서 마지막으로 설교를 했습니다. 그가 이 땅에서 남긴 마지막 설교의 제목은 '다섯 가지 종류의 기도' 였습니다.

다섯 가지 종류의 기도 제목을 나누는 것이 그 분의 마지막 설교였습니다. 첫째로, 죽음의 권세를 이기게 하옵소서. 그 분은 그분 앞에 다가오는 죽음을 보고 있었던 것입니다. 죽음의 권세를 이기게 하옵소서. 두 번째 제목은 장기간의 고난을 견디게 하옵소서. 그는 감옥으로 돌아가 다시 고난과 투쟁할 각오를 하고 있었던 것입니다. 장기간의 고난을 견디게 하옵소서. 짧은 고난은 내가 어쩌다 견딜 수가 있겠지만, 그 고난이 장기간이 되면 나도 주님을 부인할까 봐 두렵습니다. 장기간의 고난을 견디게 하옵소서. 세 번째로 나의 노모와 처자와 나의 사랑하는 교우들을 주님이 돌봐 주십시오. 그리고 네 번째, 의(義)에 살고 의에 죽게 하옵소서. 마지막 다섯 번째로 내 영혼을 주께 부탁하나이다.

주기철 목사님은 이 마지막 설교를 끝내시고는 마지막 돌아올 수 없는 그 길로 걸어 가셨습니다. 주기철 목사님의 간증을 들으며 그분은 초인적인 사람이기 때문에 고난을 이겼다고 생각했지만 주 목사님의 아드님은 이런 얘기를 해주었습니다.

"아들의 입장에서 볼 때 우리 아버지는 그렇게 초인적인 분이 아닙니다. 그렇게 강한 분이 아니었습니다. 그 분은 마음이 약하셨고, 두려워하셨고, 그리고 정이 많으신 분이셨습니다. 그런데 그 길을 갈 수 있었던 이유는 그 아내의 기도, 그리고 또 하나는 교우들의 기도, 무엇보다 하나님이 도와주신 것입니다. 성령님의 도우심이 아니었다면 아버지는 그 길을 갈 수가 없었을 것입니다."

# 모델 예수보다 구주 예수가 먼저라네

오늘날 다윗의 동네에 너희를 위하여 구주가 나셨으니 곧 그리스도
주시니라 ·누가복음 2:11

영국의 옥스퍼드와 캠브리지에서 학생들을 가르
쳤고 금세기의 위대한 크리스천 평신도였던 C. S. 루이스가 캠
브리지 채플에서 한 번은 설교를 하면서 '예수의 구주되심'이
라는 주제로 설교를 했습니다. 설교가 끝난 뒤 한 학생이 C. S.
루이스 교수에게 이렇게 말했습니다.

"만약 오늘 선생님께서 예수는 위대한 본받아야 할 스승이
라고 말했다면, 우리 모두는 선생님에게 박수를 쳤을 것입니다.
그런데 선생님께서는 '예수는 구세주이다'라는 케케묵은 기독
교의 교리를 얘기했기 때문에 우리는 어떤 반응을 보이지 않은
것입니다."

이때 C. S. 루이스는 그 청년에게 이런 반문을 했다고 합니
다. "자네는 정말 예수가 완벽한 모델이라고 생각하는가?"

"아, 그럼요. 당연히 그렇게 생각하지요."

"그러면 이 완벽한 모델이신 예수를 따라가는 것이 중요한
삶이라고 믿는가?"

"그렇지요."

"그러면 자네에게 묻겠네. 자네는 완벽한 도덕적인 모델이
신 예수를 자네가 완전히 따라갈 수 있다고 생각하나?"

청년은 한참 생각하다가 대답했습니다.

"완전하게 따라 갈 수는 없겠지요."

"아, 그러면 자네도 도덕적 실패를 인정하는군. 그렇다면 자네의 삶 속에서 실수가 있었고 죄가 있었다는 사실을 인정하는가?"

"아, 인정하지요."

"그렇다면 자네에게 필요한 것은 도덕적 모델로서의 예수가 아니네. 자네의 도덕적인 실패와 죄에서부터 자네를 구원할 수 있는 구세주이신 예수가 먼저 필요하다네. 죄인에게는 모델로서의 예수가 필요한 것이 아니라 구세주로서의 예수가 필요하다네. 구주이신 그리스도를 만난 다음에 비로소 그 분은 자네에게 모델이 될 수가 있다네."

# 52 어리석은 인생

사람이 만일 온 천하를 얻고도 제 목숨을 잃으면 무엇이 유익하리요
사람이 무엇을 주고 제 목숨을 바꾸겠느냐 ·마태복음 16:26

영국이 전 세계의 모든 바다를 지배한 해상의 왕이
던 시절에 일어났던 얘기입니다. 아프리카에서 영국의 무역선
하나가 영국 해협에 거의 다 와서는 그 근처에서 조난을 당했습
니다. 파선한 무역선의 구조요청을 받은 영국은 당장 구조선을
보냈습니다. 그러나 파도가 너무 높아서 구조선이 그 조난당한
큰배에 가까이 접근을 못했습니다. 별수 없이 로프를 던지며 배
에 탄 사람들에게 그 구조선까지 오라고 했습니다. 무역선에 탄
사람들 중 어떤 이들은 그 구조선을 향하여 헤엄을 쳤고 또 어
떤 이들은 그 로프를 붙잡고 구조선까지 와서 살았습니다.

그런데 무역선에 탄 사람들 중에는 배에서는 뛰어내렸지만
구조선까지 오지 못하고 죽은 사람들이 많이 있었습니다. 그들
은 왜 죽었을까요? 그들이 죽은 이유는 무척 다양했습니다. 물
론, 어떤 사람들은 수영을 못하거나 미처 그 로프를 못 잡아서
죽기도 했지만 진짜 이유는 그런 것이 아니었습니다. 그 배는
아프리카에서 오던 배로서 많은 양의 금괴들이 배에 실려있었
습니다. 사람들은 배와 함께 가라앉을 금이 너무 아까워서 배에
서 뛰어내릴 때 자신의 허리에다 금을 가득 찼던 것이었습니다.
사람들은 그 금괴의 무게 때문에 모두 **빠져죽은** 것입니다.

# 53 어머니의 피 흘림

율법을 좇아 거의 모든 물건이 피로써 정결케 되나니 피흘림이 없은즉
사함이 없느니라 ·히브리서 9:22

수년 전에 크리스마스를 앞둔 12월 어느 날, 구 소
련에 속해 있던 아르메니아에서 대 지진이 일어났습니다. 그 당
시 지진으로 인하여 무려 5만 5천명이나 사망했던 굉장한 참사
였습니다. 그때 9층 짜리 아파트가 무너지면서 철근과 콘크리
트 밑에 한 어머니와 딸이 가까스로 삼각형 틈새 속에서 목숨을
유지하며 사람들의 구조만을 기다리고 있었습니다. 스잔나라
는 어머니는 네 살 먹은 가이아니라는 딸과 함께 그 작은 틈새
속에서 겨우 숨을 쉬고 있었습니다.

구조의 손길을 받지 못한 채 시간이 흘러갔습니다. 하루, 이
틀, 사흘 시간은 계속 흘러갑니다. 네 살 먹은 딸 가이아니는 그
어머니 옆에 누워서 비명을 지르며 한 가지 말을 계속 토해놓습
니다. 그 아이의 애절한 말 한마디는 "엄마, 목말라. 엄마, 목말
라" 라는 말이었습니다.

그러나 가까스로 몸을 지탱하고 있던 어머니로서는 딸을 도
와 줄 방법이 생각나지 않았습니다. 그때 갑자기 어머니의 머리
에 텔레비전에서 보았던 어떤 광경 하나가 생각났습니다.

조난당한 사람들이 먹을 것, 마실 것 없었을 때에 피를 나누
어 마시던 광경이었습니다. 그 때부터 어머니는 캄캄한 어둠 속

에서 주변을 손으로 더듬기 시작했습니다. 어머니는 바닥을 더듬다가 깨어진 유리 조각을 발견하고는 지체없이 그 유리 조각을 들어서 자기의 팔뚝을 그어대기 시작했습니다. 그리고 딸 옆으로 더 가까이 가서 자기의 그 팔뚝에서 흐르는 피를 자기가 사랑하는 딸 가이아니의 입술에 떨어뜨려 주었습니다.

어머니는 "엄마, 나 목말라요"라는 목소리가 터져나올 때마다 유리 조각으로 더 힘껏 팔목을 그어서 자신의 피를 사랑하는 딸의 목에 흘려 넣었습니다. 그렇게 두 주일이 지났습니다. 그들은 극적으로 사람들에게 발견되어 구조되었습니다. 이 딸 가이아니는 어머니의 희생, 그리고 어머니의 피 흘림 때문에 살아났습니다. 딸에게 있어서 어머니의 피는 유일한 희망이었습니다.

2천년 전 비슷한 사건이 일어났습니다. 달리 살 길이 없고, 달리 하나님의 진노를 피할 수가 없었던 인류를 위해서 하나님은 하나님의 아들 예수 그리스도를 준비하셨습니다. 그는 우리를 살리기 위해 십자가에서 거룩한 피를 뿌렸습니다.

제 3 부

나의 존재만으로도 기뻐하시는 하나님

# 1 침례를 받아야 하는 지갑

누구든지 그리스도와 합하여 세례(침례)를 받은 자는 그리스도로 옷입었느니라 ·갈라디아서 3:27

　　　미국의 어떤 침례교회에서 목사님이 예배 시간에 성도들에게 침례를 주었습니다. 순서에 맞추어 한 명씩 침례를 주고 있는데 다음 차례인 한 성도가 머뭇거리며 들어오지 않는 것입니다. 아무리 기다려도 들어오지 않자 목사님은 다급하게 왜 안 들어오느냐고 물어보았습니다. 그러자 그 성도는 이렇게 대답했습니다. "목사님, 저 지금 지갑을 갖고 있어서요. 지갑이 젖을까봐 못 들어갑니다." 그때 목사님은 이런 말씀을 하셨다고 합니다. "형제여, 당신과 함께 당신의 지갑도 침례를 받아야 합니다. 지갑도 침례받아야 합니다. 지갑까지도."

　침례(baptism)라는 것은 물 속에 들어갈 때 내가 예수님과 함께 죽었다는 것이고, 물에서 나올 때 나는 주님과 함께 부활하여 새로운 사람이 되었다는 의미입니다. 이것은 전에는 나를 위해서만 사용되던 이 물질에 대한 가치관이 이제는 하나님의 나라와 그리고 하나님의 생명이 있는 사역을 위해서 사용되어야 하는 것을 의미합니다. 물질에 대한 구체적 헌신이야말로 내가 변했고 내가 회개했고 내가 새로운 사람이 되었다고 하는 증거라고 할 수 있습니다.

# 라이스 크리스천(Rice Christian)

세상의 염려와 재리의 유혹과 기타 욕심이 들어와 말씀을 막아 결실치 못하게 되는 자요 ·마가복음 4:19

　　과거 6.25사변 직후에는 한국 교회가 외국으로부터 원조 물자를 많이 받았었습니다. 그렇기 때문에 그 당시 생활이 어려웠던 사람들은 그것을 받기 위해 교회에 많이 나왔습니다. 이 모습을 본 옛날 선교사님들은 한국 사람들을 가만히 보니까 교회 나오는 것이 순수한 동기가 아니고 쌀(Rice)을 얻기 위해서임을 알게 되었습니다.

　그래서 과거에 선교사들이 한국 교인들을 뭐라고 불렀나 하면 라이스 크리스천(Rice Christian)이라고 불렀답니다. 지금은 우리가 그런 지경은 아니지만 아직도 그런 동기를 가지고 예수 믿는 사람들이 있습니다. 이들은 예수 믿으면 축복받는다고 해서 물질적인 축복에만 눈이 어두워 신앙의 유일한 동기가 물질의 축복이 되어있는 사람들입니다.

　물론 예수 믿으면 축복을 받지만 그것이 예수를 믿는 이유는 아닙니다. 만약 물질의 축복 때문에 예수 믿었다면 이런 사람은 신앙 생활하다가도 물질적 축복이 오지 않으면 언제든지 주님을 버리고 떠나갈 사람입니다. 우리에게는 보다 위대한 꿈이 있습니다. 천지를 창조하신 하나님을 나의 아버지로 삼고 하나님의 뜻을 이루는 도구로 내 인생이 쓰임을 받을 수 있다는 더 높

은 프라이드와 더 높은 기쁨 때문에 인생을 사는 사람들이 되어
야 합니다.

✝✝✝✝✝✝

내 마음의 안식처

위대한 과학자인 아인슈타인은 노후에 기독교 신앙
에 귀의했습니다. 그러면서 그는 이런 유명한 고백을
남겼습니다.

"나는 평소에, 특별히 젊었을 때 교회를 경멸했다. 교
회를 무시했다. 그러나 내 조국 독일이 어두워 졌을
때, 그리고 나치의 핍박 아래 있었을 때 내가 경멸하
고 무시했던 교회는 우리 민족의 유일한 소망이었고
사람들의 안식처였다.

그리고 내가 나이를 먹어가면서 내 노후에 인생의
석양녘에 나는 교회 이외에 내 영혼의 위로를 경험
할 수 있는 장소를 찾지 못했다. 나는 이제 교회로
다시 돌아온다."

# 닫혀있는 16개의 관과 열려있는 한 개의 무대

의인의 소망은 즐거움을 이루어도 악인의 소망은 끊어지느니라
· 잠언 10:28

　　많은 베스트셀러가 된 책들 가운데 「마음을 열어주는 101가지 이야기」라는 책이 있는데, 그 안에 '춤추는 사람'이라는 내용이 나옵니다. 미국에는 오클랜드와 샌프란시스코를 연결하는 유명한 금문교(Golden Gate Bridge)가 있습니다. 이 금문교로 가는 도상에는 17개의 톨게이트가 있습니다. 그리고 통행료 징수대 박스 17개가 나란히 있는데, 어느 날 이 책의 저자가 그 중 한 징수대를 통과하게 되었습니다. 그런데 그 박스 안에서 티켓도 끊어주고 돈도 받는 사람이 음악을 아주 크게 틀어놓고 춤을 추면서 저자에게 돈을 받습니다. 그 모습을 보고 있던 저자가 그 행동이 너무 재미있어서 그 사람을 향해 물어보았습니다.

　　"뭘 하십니까?" "파티를 열고 있습니다."

　　"파티라니요? 누구를 초대하셨나요?" "제가 제 자신을 초대했지요."

　　얼마 후에 저자는 똑같은 징수대 박스를 통과하게 되었습니다. 요금받는 사람을 보니 예전에 춤을 추며 돈을 받았던 그 사람이었습니다. 그는 변함없이 음악을 틀어놓고 전에 보았던 동일한 모션으로 춤을 추면서 돈을 받고 티켓을 저자에게 내줍니다. 그래서 저자는 또 그에게 말을 걸었습니다.

"아니, 오늘도 파티를 열고 계십니까?" "물론이지요."

조금은 호기심이 발동한 저자는 그에게 이런 질문을 했답니다.

"그런데 왜 다른 사람들은 파티를 열고 있지 않습니까?" "아, 저 사람들이요? 저 사람들이 들어가 있는 박스는 말이죠. 관(棺)입니다. 아침 8시 30분에 출근해서 오후 4시 반에 퇴근하기까지 저 사람들은 관속에 갇혀있는 시체들이란 말입니다.

시체!'

저자는 이 색다른 대답 앞에 더 호기심이 발동해서 계속 질문을 했습니다.

"당신이 저 사람들과 다른 이유는 무엇입니까?" "나요? 나는 중요한 사명이 있어요."

"사명이 뭡니까?" "저는 댄스 교수가 될 예정입니다. 그래서 저는 여기서 돈을 받고, 여기 연습장에서 연습을 하고 있는 것입니다. 그러나 저들의 방, 저 사람들의 방을 잘 보세요. 저게 닫혀있는 관이라면 제가 있는 이 박스 안은 열려있는 무대란 말입니다."

# 어린 소년의 눈물

4

마지막으로 말하노니 형제들아 기뻐하라 온전케 되며 위로를 받으며 마음을
같이 하며 평안할찌어다 또 사랑과 평강의 하나님이 너희와 함께 계시리라
거룩하게 입맞춤으로 서로 문안하라 ·고린도후서 13:11

캘리포니아에 심리학자로 아주 인기 있게 활동하
는 분 가운데 레오 바스칼리아라는 사람이 있습니다. 그가 쓴
많은 책들 가운데 이런 얘기가 나옵니다.

어느 날, 할아버지 한 분이 암 진단을 받았습니다. 그런데 이
암 진단을 받은 그 날부터 이 할아버지는 매우 난폭해졌습니다.
성격이 갑자기 난폭해져 식구들을 향해서 욕을 하기도 하고, 주
변 사람들에게까지도 욕을 퍼붓습니다. 심지어는 아무도 만나
려고 하지 않고 병실에 입원해서도 아무도 만나지 않았습니다.

그 할아버지는 간호사와 의사들에게까지도 포악하게 대하
기 시작했습니다. 그래서 가족들은 할아버지를 돕기 위해 할아
버지의 옛날 친구들을 들여보냈지만 친구들도 도움이 되지 못
했습니다. 할아버지는 자기의 친구들에서 큰 소리를 치며 쫓아
버리고 말았습니다. 또 이번에는 할아버지와 절친하게 지냈던
은사들을 보내보았지만 그것도 소용이 없었습니다. 목사님을
보냈더니 목사님도 욕만 먹고 쫓겨났습니다. 카운슬러를 들여
보내도 소용없었습니다.

그런데 한번은 그 동네에서 이 할아버지가 가끔 만나던 동네
꼬마가 하나 있었는데 할아버지가 아프다는 소식을 듣고 병원

에 쫓아왔습니다. 식구들이 반 호기심으로 "그럼 네가 들어가서 할아버지를 만나 봐라" 하며 그 아이를 들여보냈습니다. 그런데 놀랍게도 20~30분 동안 어린 소년이 할아버지를 만나고 나오더니 그 이후로 이 할아버지가 완전히 변했습니다. 태도가 갑자기 누그러지고 부드러워지고 사람들도 만나시고 얘기도 하시게 되었습니다. 사람들이 너무나 이상해서 그 어린 소년을 붙들고 묻습니다.

"너, 할아버지하고 무슨 얘기를 했니?"

"아무 얘기도 하지 않았어요."

"그래도 할아버지하고 20~30분 동안 함께 있었잖니. 너는 그 동안 도대체 뭘 했니?"

그랬더니 그 어린 소년이 이렇게 대답합니다.

"저요, 할아버지하고 같이 울었어요."

꼬마는 단지 이 할아버지의 아픔을 자신의 아픔처럼 느끼고 울었을 뿐입니다. 그러나 이 할아버지는 우는 꼬마를 꼭 껴안는 순간 진정한 사랑을 느꼈고 마음의 상처가 치유되었던 것입니다. 우리가 다른 사람들의 아픔을 공감하고 함께 느낄 때 치유의 능력은 샘솟듯 솟아납니다.

# 5 집요한 사오정

항상 기도하고 낙망치 말아야 될 것을 저희에게 비유로 하여
· 누가복음 18:1

사오정 시리즈에 이러한 이야기가 있습니다. 어느 날 사오정이 식당에 갔습니다. 사오정이 식당 주인에게 자기가 먹을 것을 주문합니다.

"아저씨, 돈까스와 우유 주세요."

"돈까스는 없습니다."

"그러면 돈까스와 커피주세요."

"돈까스는 없단 말입니다."

"아, 알았습니다. 그러면 돈까스만 주세요."

그냥 웃고 넘어갈 수 있는 유머이지만, 이렇듯 상대방이 뭐라고 하든 집요하게 계속해서 자기의 메뉴를 고집하는 이 사오정의 우직함이 우리 신앙인에게도 필요합니다.

이 끈기 있는 인내가 필요합니다. 우리가 끈질긴 집요함을 가지고 전능하신 하나님을 신뢰하며 기도한다면 분명 하나님께서는 응답하실 것입니다.

# 여유 있는 삶

이르시되 너희는 따로 한적한 곳에 와서 잠간 쉬어라 하시니 이는 오고 가는
사람이 많아 음식 먹을 겨를도 없음이라 ・마가복음 6:31

어느 숲 속에서 두 노동자가 아침부터 저녁까지 똑같이 일을 시작에서 똑같은 시간까지 도끼를 들고 나무를 찍는 작업을 했습니다. 그들은 일을 같이 시작했고 모두 같이 끝냈습니다. 한 사람은 점심 시간에 잠깐 한 20분 정도 쉬는 시간을 제외하고 아침부터 저녁까지 부지런히 도끼를 들고 나무 찍는 일을 했습니다.

그러나 다른 한 사람은 적어도 하루에 네 차례 정도 넉넉히 쉬어가며 일을 했습니다. 그런데 저녁 시간에 일이 완료되고 나서 일을 비교를 해 보니까 네 번씩이나 쉬어가며 일한 사람이 더 많은 나무를 찍어놓았습니다. 그것을 보고 쉬지 않고 일했던 사람이 놀라서 묻습니다.

"아니, 당신은 나보다 훨씬 더 많이 쉬면서 일을 했는데 어째서 나보다 더 좋은 결과를 얻을 수가 있었단 말이요?"

이때 쉬어가면서 일한 일꾼이 이런 대답을 했습니다.

"자네가 잘 보았다면 그 이유를 알 수 있었을 걸세. 나는 그냥 쉰 것이 아니라 쉬면서 도끼의 날을 세우고 있었지. 나는 도끼를 다듬고 날을 세우고 있었다네. 그리고 나는 쉬고나서 더 힘차게 이 나무를 찍었지. 그래서 자네보다 더 많은 결과를 얻을 수 있었던 걸세."

여유는 낭비가 아니라 성취를 돌아보고 또 한 걸음 더 나아
가서 우리의 미래를 준비할 수 있는 중요한 바탕인 것입니다.


✛✛✛✛✛✛

### 하나님의 살림 경영법

한 청교도는 자신의 삶 속에서 이런 좌우명을 가
졌습니다. "가장 좋은 것은 아직 오지 않았다." 그
는 이 좌우명을 평생동안 기억하며 살았습니다.

갈릴리 가나의 혼인잔치에서도 나중 잔치의 막
바지에서 가장 좋은 포도주를 맛보았던 하객들이
이런 고백을 했습니다.

"사람들은 보통 처음에는 좋은 것으로 대접하다
가 나중에는 좋지 않은 것이 나오기 마련인데, 이
집의 잔치에서는 가장 좋은 포도주를 마지막에 준
비하셨군요."

이것이야말로 하나님의 일 처리 방법이자 살림
경영법입니다.

# 7

## 진정한 영웅

이스라엘아 여호와를 의지하라 그는 너희 도움이시요 너희 방패시로다
· 시편 115:9

전 세계에 하나의 선풍적인 인기를 가져왔던 「타이타닉」이라는 영화가 있습니다. 많은 사람들이 이 아름다운 영화를 보면서 눈물을 흘렸습니다. 그 이유는 이 비극 속에 나타난 영웅들의 모습 때문이었습니다. 그 속에는 많은 영웅들이 있었습니다. 사랑하는 여인을 위해서 마지막 목숨을 내놓고 그 여인을 살리는 제프라는 주인공이 영웅이었습니다. 또 침몰하는 배를 끌어안고 마지막까지 침착하게 그 키를 붙들고 배와 함께 침몰하는 캡틴 스미스라는 함장도 일종의 영웅이라고 할 수가 있습니다. 그리고 라이프 보트에 사람들을 실어주고 살리기 위해서 끝까지 노력하는 선원들도 영웅들입니다.

그러나 제가 영화를 보면서 가장 감동을 많이 받은 장면은 마지막 순간까지 악기를 붙들고 음악을 연주하던 악사들의 모습입니다. 이 밴드 팀 단장의 이름이 월레스 하틀리라는 사람입니다. 다른 것은 영화이기 때문에 각색된 부분이 많고 특히 주인공은 지어낸 이야기지만 밴드를 지휘한 월레스라는 단장은 실제 인물이었습니다.

그는 그리스도인으로서 밴드의 연주를 통해서 끝까지 침착하게 사람들의 마음을 안정시키며 찬양의 가사 속 메시지를 통

해서 하늘의 거룩한 소망을 바라보도록 촉구했습니다. 그는 이 화려한 배로 바다를 횡단하는 사람들에게 복음을 전하기 위해서 자진해서 그 배에 탄 악장이었습니다. 배는 점점 가라앉고 있는데도 끝까지 배가 무너지지 않는다고 믿고 착각하는 사람들과 살려고 우왕좌왕하며 발버둥치는 사람들, 정말 말이 아니게 이 배에 소망을 두고 탔던 사람들이 목숨을 잃어버리는 혼란 속에 있었습니다.

그러나 월레스 단장은 끝까지 침착하게 자기의 팀 멤버들을 격려하면서 마지막까지 이 장엄한 음악을 연주했습니다. 그리고 연주하면서 그는 계속 이렇게 소리쳤다고 합니다. "예수 그리스도, 그분을 의지하십시오. 그를 가까이 하십시오. 그가 소망이십니다." 그리고 사람들은 마지막 침몰해 가는 뱃속에서 이 찬양을 통해서 메시지를 들었습니다.

내 주를 가까이 하려함은 십자가 짐 같은 고생이나
내 일생 소원은 늘 찬송하면서 주께 더 나가기 원합니다
천성에 가는 길 험하여도 생명 길 되나니 은혜로다

천사 날 부르니 늘 찬송하면서 주께 더 나가기 원합
니다

월레스 단장은 이 음악을 들려주면서 끝까지 외쳤다고 합니
다. "예수, 그분을 의지하십시오. 그가 소망이십니다."

진정한 영웅들, 이 무너지는 세상이라는 배 안에 타고 살면
서 소망의 근거를 잘못 착각했던 사람들, 그래서 이 세상이 무
너지자 아무것도 기댈 수 없는 사람들에게 예수는 소망이십니
다. 하나님께서는 이 메시지를 전할 수 있는 영웅을 기다리고
있습니다.

# 어떤 신학생의 성적표

저는 정의와 공의를 사랑하심이여 세상에 여호와의 인자하심이 충만하도다  · 시 33:5

신학교의 시험 기간이 되어 어떤 신학생 한 명이 시험을 치르게 되었습니다. 그런데 이 신학생은 공부를 했는데도 시험을 치르면서 이상하게도 답이 하나도 생각이 나지 않았습니다. 그는 너무 고민스러운 나머지 백지는 낼 수가 없고 시험지 맨 아래에 이렇게 썼다고 합니다.

"하나님은 모든 정답을 아십니다. 그리고 저는 그 정답에 동의합니다."

시간이 지난 후 교수님께서 시험을 채점한 성적표가 나왔는데 거기에는 이렇게 쓰여 있었습니다.

"하나님은 100점, 너는 빵점."

# 다수가 틀렸습니다

좁은 문으로 들어가라 멸망으로 인도하는 문은 크고 그 길이 넓어
그리로 들어가는 자가 많고  •마태복음 7:13

1842년에 아주 재미난 역사적 글이 하나 남아있었습니다. 미국 펜실베니아에 사는 의사들과 의학자들이 모여서 거창한 결정을 하나 했습니다. 그 결정은 '뜨거운 물에 목욕을 하면 안 된다'는 것이었습니다. 왜냐하면 그들은 그것이 류마티스와 폐렴의 원인이 될 수 있다고 생각했기 때문입니다. 아주 이상한 결정이었지만 대부분의 사람들은 그것을 진리라고 믿었습니다.

그래서 펜실베니아주 일대와 상당히 많은 미국 땅 사람들이 무려 3년간 뜨거운 물에 목욕을 하지 않은 역사가 있었습니다. 이 이론은 수년 후에야 뒤집어졌습니다. 다수가 틀렸던 것입니다. 1903년 그 유명한 라이트 형제는 기계도 하늘을 날아갈 수가 있다고 믿었습니다. 친구들과 동네 사람들은 이 형제들이 미쳤다고 생각했습니다. 그의 믿음은 한낱 망상이고 만화적인 생각이라고 여겼습니다.

왜냐하면 대부분의 사람들은 기계는 하늘을 날 수 없다고 생각했기 때문입니다. 그러나 라이트 형제는 기계도 하늘을 날 수 있다는 꿈을 버리지 않았습니다.

오늘날 기계는 하늘을 날 수 없다고 생각한 대부분의 사람들이 그 기계를 타고 하늘을 날고 있습니다.

다수가 틀렸습니다. 다수의 길이 진리가 아닐 수 있습니다.

✛✛✛✛✛✛

화장(化粧)의 뜻

제가 어떤 분한테 들은 이야기인데, 화장(化粧)의 본의미는 20대 결혼 적령기 여자들이 조금 얼굴을 돋보이게 하기 위해서 도와주는 것이었다고 합니다. 그런데 이것이 자꾸 변질되어 가는 것 같습니다. 어떤 사람들은 이렇게 말하곤 합니다. "20대는 화장하고, 30대는 치장하고, 40대는 분장하고, 50대가 되면 변장하고, 60대가 되면 환장한다."

우리가 믿는 복음은 어떤가요? 진정한 핵심은 왜곡되어 세상 진리로 취급되고 있지는 않은지 한번 깊게 생각해 보아야 할 것입니다.

# 10 테레사 수녀의 즐거운 인생

내가 사망의 음침한 골짜기로 다닐찌라도 해를 두려워하지 않을 것은
주께서 나와 함께 하심이라 주의 지팡이와 막대기가 나를 안위하시나
이다 ·시편 23:4

　　지금으로부터 약 65년 전에 유고슬라비아에 한 여
자 아이가 태어났습니다. 이 아이는 점점 자라 어느새 십대 소
녀가 되었습니다. 소녀는 이 시절에 성경의 말씀을 들으면서 마
음에 불타는 갈망이 생겼습니다. 그래서 그녀는 선교사를 자원
했고 카톨릭이었기 때문에 카톨릭 수녀가 되었습니다.

　수녀가 된 그녀는 인도의 캘커타로 갔습니다. 그녀가 간지
얼마 안 되어서 그녀는 거리를 지나다가 한 병이 든 여인을 발
견합니다. 그 여인은 병들어서 엎어져 있는데 그런 자세로 매우
오랜 시간이 지난 모양이었습니다. 그 여인은 아무도 돌보는 사
람이 없어서 몸의 한쪽은 썩어가고 있었습니다. 그래서 길거리
의 쥐들이 그 썩은 부위를 와서 파먹고 있었습니다. 이 참담한
모습을 바라보고 수녀는 지나가던 발걸음을 멈추었습니다. 그
녀는 그 순간 마음에서 이런 생각이 들었습니다.

　'어떻게 할까? 내가, 이 힘없는 연약한 여자가, 한낱 아녀자
가 무엇을 할 수 있단 말인가? 내가 무엇을 할 수 있겠는가?'

　그녀는 이런 생각 끝에 그냥 지나가려고 했습니다. 그런데
무엇인가가 그녀의 마음을 잡아당겼습니다. '네가 도와야 한
다.' 그녀는 순간적으로 이런 기도를 했다고 합니다.

"하나님! 저는 못해요." 그때 이런 음성이 들려왔습니다.

"내가 도와도 못하겠느냐?"

"하나님이 함께 하신다면 가능하겠죠."

그녀는 그냥 지나가려던 발걸음을 돌이켜서 이 여인에게로 가서 그 여인을 들쳐 업었습니다. 그리고 그 여인을 자기 집으로 데리고 와 돌보기 시작했습니다. 그 후 그녀의 곁에는 불쌍한 사람이 한 사람, 두 사람, 세 사람 계속 늘어가기 시작했습니다. 사람이 늘어나자 이제 더 이상 사람들을 집으로 데려올 수 없었습니다. 마침내 그녀는 그 도시에 행정 관리를 찾아갑니다. 그리고 그녀의 숙소 옆에 비어있는 힌두교 성전을 빌려달라고 해서 그 곳을 클리닉으로 만들었습니다.

이 이야기는 모든 종교를 초월해서 이 세상을 살다간 수많은 사람들 가운데 가장 아름다운 삶의 감동을 남기고 떠나간 마더 테레사의 이야기입니다. 테레사 수녀가 이 세상을 떠나기 수년 전에 영국 BBC 뉴스의 크리스천 언론인이었던 멀컴 머코리치 라는 사람이 캘커타에 있는 테레사의 병원을 방문한 적이 있었습니다. 그가 가만히 병원을 관찰해 보니까 사람들이 병원에서 봉사만 하는 것이 아니라 너무 행복한 모습을 보게 되었습니다.

그는 그런 모습을 보며 그때만 해도 거동이 가능하고 대화가
가능했던 테레사에게 이런 질문을 던졌습니다.

'힘들지 않으십니까?'

그녀는 그 질문에 이런 흥미 있는 대답을 했습니다.

'힘들지요. 힘들지요. 그러나 즐겁습니다. 주님이 함께 하시
기 때문입니다.'

우리의 인생은 무척 힘이 듭니다. 우리가 신앙을 가졌다고 해
서 힘든 게 없어진 것은 아닙니다. 그러나 다른 사람들과 다른
즐거운 인생을 사는 이유는 주님이 함께 하시기 때문입니다.

# 11 작은 것의 소중함

지극히 작은 것에 충성된 자는 큰 것에도 충성되고 지극히 작은 것에
불의한 자는 큰 것에도 불의하니라 ·누가복음 16:10

우리 한국 사람들은 이 조그만 나라에서 태어나서 그런지 몰라도 유달리 큰 것을 좋아합니다. 그래서 우리 나라 이름부터 대한민국이라고 합니다. 세계에서 우리 나라 이름처럼 위대한 나라가 없습니다. 그리고 우리 나라 최고 수반을 대통령, 최고 학부는 대학교, 대학원, 우리 나라에서 외국으로 보내는 외교관들을 대사라고 합니다.

또한 한국의 모든 길들을 보면 다 대로(大路)입니다. 양재대로, 강남대로 등 절대 소로(小路)라고 하는 것은 없습니다. 그리고 다리를 놓아도 다 대교(大橋)입니다. 성수대교를 위시해서 다 대교라고 합니다. 술을 마실 때도 "대포 한잔하지"라고 할 정도로 하여튼 큰 것을 좋아합니다.

그런데 이러한 표현이 어떤 열등감, 작다는 열등감을 보상하려는 일종의 보상 심리가 아닌가 하는 생각을 할 때가 많습니다. 그래서 우리는 작은 것들도 비하시킵니다. 자꾸만 작다는 것을 감추려고 하고 작다는 것을 무시하려고 하는 경향이 있습니다. 그래서 한국말과 관련된 것을 연구해보면 작다는 것은 다 안 좋은 쪽으로 쓰여집니다. 예를 들어 제가 어렸을 때만 해도 '사람이 잘다', '좀씨'라는 말을 많이 썼습니다.

이 말들은 다 작고 조그맣다는 뜻입니다.

그런데 사실은 작은 것이 굉장히 중요합니다. 성수대교 건설할 때 작은 나사 하나, 작은 시멘트 하나가 제대로 있어야 할 곳에 있었다면 그 비극이 일어나지 않았을 것입니다. 이 작은 것이 소중한 것인데 우리는 작은 것을 부끄러워합니다. 이 작은 것을 소중히 여기고 작은 것 속에서 미래를 볼 줄 아는 것이야말로 중요합니다.

# 날지 못하는 독수리

그 바라는 것은 피조물도 썩어짐의 종노릇 한데서 해방되어 하나님의
자녀들의 영광의 자유에 이르는 것이니라 ·로마서 8:21

제가 좋아하는 이런 얘기가 있습니다. 어떤 조류학
자가 독수리 새끼를 길렀습니다. 그런데 독수리 새끼를 어디다
길렀는가 하면 닭 새끼(?)하고 같은 곳에 넣어서 길렀습니다. 그
러니까 독수리 새끼가 자라나면서 꼭 병아리처럼 행동을 합니
다. 독수리 새끼는 주변을 봐야 병아리밖에 없으니까 병아리처
럼 걷고, 병아리처럼 삐약삐약 노래했습니다.

세월이 흘러 새끼들은 많이 자랐습니다. 그런데 이 독수리
새끼는 전혀 독수리다운 근성을 드러내지 않고 꼭 병아리 같았
습니다. 조류학자는 독수리가 완전히 병아리로 퇴화를 했는지
아니면 닭이 되었는지 궁금한 생각이 들었습니다. 그래서 이제
청년이 된 독수리에게 독수리의 근성이 남아있는지 실험했습
니다. 독수리를 마당에 갖다 놓고 날도록 했습니다. 그런데 독
수리는 날지 못하고 푸득푸득, 삐약삐약거리며 날지 못하더랍
니다.

그 다음으로 조류학자는 장소를 바꾸어 청년 독수리를 데리
고 산으로 올라갔습니다. 그리고는 산 높은 곳에서 푸른 숲을
보여주고 산 공기를 맡게 하고 날도록 해 보았습니다.

그랬더니 역시나 삐약삐약거리며 또 내려앉아서 다시는 날

생각을 하지 않았습니다. 그 순간 갑자기 강력한 바람을 뚫고 다른 독수리 한 마리가 세차게 산을 향해서 올라가는 모습이 보였습니다. 그 모습을 주시하고 있던 이 독수리가 갑자기 날개를 퍼덕거리더니 하늘을 향해 비상하려고 합니다. 드디어 청년 독수리는 날기 시작했습니다. 그 독수리는 더 이상 닭 새끼가 아니었습니다. 이제는 독수리 왕자가 된 것입니다.

하나님의 자녀인 우리가 세상 사람들처럼 조금 어렵다고 해서 그것 때문에 좌절하고 주저앉아 낙심한다면 날지 못하는 독수리와 같습니다.

# 괴짜 바이올리니스트

또 천국은 마치 좋은 진주를 구하는 장사와 같으니 극히 값진 진주 하
나를 만나매 가서 자기의 소유를 다 팔아 그 진주를 샀느니라
· 마태복음 13:45~46

　　오래 전 영국에 괴짜 바이올리니스트 한 사람이 있
었습니다. 이 사람은 자신이 연주가일 뿐 아니라 각종 바이올린
을 수집하는 수집가였다고 합니다. 그런데 그가 어느 날 자기가
소장하고 있는 여러 개의 바이올린 가운데서 가장 값비싼 바이
올린으로 연주를 하겠다고 발표했습니다.

　　아주 옛날인데 그 당시의 가격으로 무려 이천 파운드가 넘었
다고 합니다. 지금은 영국에서 이천 파운드 정도는 큰돈이 아니
지만 옛날에는 아주 큰돈이었습니다. 많은 사람들이 가장 값비
싼 바이올린의 연주를 듣기 위해 몰려들었습니다. 몇 곡의 연주
가 끝나자 많은 친구, 많은 관객들의 열렬한 큰 박수가 쏟아졌
습니다.

　　그런데 그 다음 순간 충격적이고 놀라운 일이 벌어졌습니다.
그는 갑자기 자기 바이올린을 집어던지더니 발로 그것을 밟기
시작한 것입니다. 파격적인 그의 기이한 행동에 온 관객들이 쇼
크를 받을 수밖에 없었습니다. 그런데 그가 또 하나의 바이올린
을 가지고 나와서 다시 무대에 서자 사회를 맡았던 분이 이런
멘트를 했다고 합니다.

　　"지금 연주한 그 바이올린은 사실 이 분이 가지고 있는 최대

의 고가 바이올린이 아니라 이십 파운드짜리 제일 싸구려 바이올린으로 연주한 것입니다. 그러니까 여러분, 방금 전에 부숴버린 바이올린에 대해 너무 아까워하지 마십시오. 이제야말로 가장 본격적으로 고가의 바이올린으로 연주를 하겠습니다."

그 연주는 역시 감동을 주었고, 관객들은 큰 박수를 쳤습니다. 그러나 솔직히 관객들의 입장에서는 별로, 이십 파운드짜리 연주나 그 고가의 바이올린 연주에서나 결정적인 큰 차이를 느낄 수는 없었다고 합니다. 이 괴짜 바이올리니스트는 그날 이 기이한 행동을 통해서 관객들에게 전달하고 싶은 메시지 하나가 있었습니다.

"위대한 음악은 악기 때문만은 아니다. 연주가 때문이다. 사람 때문이다. 위대한 음악가가 음악을 만드는 것이지 악기가 꼭 음악을 만드는 것은 아니다."

# 14 앵무새의 언어훈련

범사에 네 자신으로 선한 일의 본을 보여 교훈의 부패치 아니함과 경건
함과 ・디도서 2:7

이런 얘기가 있습니다. 어떤 교인 하나가 앵무새를 길렀습니다. 앵무새를 기르게 된 동기는 자기 교회 목사님이 앵무새를 기른다는 말을 듣고 덩달아서 '나도 앵무새 하나 기를까?' 하고 앵무새 하나를 사다가 길렀습니다.

그런데 교인의 집에서 자란 그 앵무새는 주인을 너무도 당황하게 만들었습니다. 그 앵무새가 할 줄 아는 말은 단 한 마디였습니다. 그 앵무새가 할 수 있는 유일한 한 마디의 말은 "키스해 주세요"라는 말이었습니다. 앵무새는 시도 때도 없이 "키스해 주세요. 키스해 주세요" 하니까 집에 찾아오는 손님에게 이 주인이 괜히 오해받게 생겼습니다. 앵무새의 말 때문에 당황한 교인은 어느 날 목사님께 전화를 걸었습니다.

"목사님, 듣자 하니 목사님의 앵무새는 경건한 언어훈련이 잘 되었다고 하던데, 저의 앵무새를 보낼 테니까 훈련 좀 시켜주세요."

전화를 받은 목사님은 문제없으니 앵무새를 보내라고 했고, 교인은 즉시 자기의 앵무새를 목사님 댁으로 보냈습니다. 목사님은 받은 즉시 자신의 새장에 같이 이 앵무새를 집어넣었습니다. 목사님의 앵무새가 주인이니까 먼저 인사를 합니다.

사실은 목사님의 앵무새도 꼭 한 마디의 말을 할 줄 아는데 그 말은 "다같이 기도하십시다"라는 말입니다. 그래서 목사님의 앵무새가 "다같이 기도하십시다"라고 먼저 인사를 했습니다. 그러니까 새로 온 앵무새가 "키스해 주세요"라고 그랬더니 목사님 앵무새가 전에 하지 않았던 한 마디 말을 더 하더랍니다. "주께서 드디어 내 기도를 응답하셨습니다."

# 주님의 강렬한 부르심

너희 마음 눈을 밝히사 그의 부르심의 소망이 무엇이며 성도 안에서 그
기업의 영광의 풍성이 무엇이며 그의 힘의 강력으로 역사하심을 따라
믿는 우리에게 베푸신 능력의 지극히 크심이 어떤 것을 너희로 알게 하
시기를 구하노라    ·에베소서 1:18~19

카톨릭 복음주의자 가운데 헨리 나우엔은 예일대
학과 하버드대학에서 교수로 지낸 사람입니다. 그의 저서는 아
주 유명해서 개신교인들도 헨리 나우엔의 책을 많이 읽습니다.

그런데 이 사람의 일생에서 1985년은 아주 중요한 해였습니
다. 1985년 초에 불란서에 있었던 정신지체아들을 모아서 수용
하면서 그들을 섬기고 양육하는 라르쉬라는 공동체에 한 지도
자가 예일대학으로 헨리 나우엔 교수를 방문합니다. 헨리 나우
엔은 그 공동체의 지도자로부터 처음으로 정신지체아들의 세
계에 대한 얘기를 듣게 되었습니다. '아, 그렇구나. 이렇게 사는
사람들이 있구나. 또 정신지체아들을 섬기면서 이렇게 살고 있
는 사람들이 있구나.' 그 날은 그들이 사는 얘기를 듣고 감동으
로 받고 그냥 헤어졌습니다.

그런데 얼마 되지 않아서 그 다음에 이 공동체의 지도자로
있었던 장 바니에라는 지도자로부터 편지 한 장이 옵니다. 그
편지의 내용은 "우리 공동체에서 정신지체아들의 수양회가 열
리는데 거기에 왔으면 좋겠다"는 글이었습니다.

헨리 나우엔 교수는 처음에 자신을 강사로 초청한 줄 알고
있었는데 막상 수련회에 가보았더니 "우리 수양회는 침묵 수양

회(Silent Retreat)입니다. 이 수양회는 사흘 동안 열리는데 기도만 하고 행동으로만 사람들을 돌봐주고 섬기는 수양회입니다"라는 것입니다. 이 특이한 수양회를 참석하면서 헨리 나우엔 교수는 이상하게 마음이 끌렸습니다.

헨리 나우엔 교수는 사흘 동안 아무 소리 안 하고 정신지체 아들을 돌봐주고 발도 씻어주고 밥도 해 주고 같이 식사하고, 그들을 쳐다보면서 마음으로 기도만 하면서 돌봐주는 침묵 수양회에 참여했습니다. 그는 처음으로 정신지체아들의 세계 속에 자기 몸으로 부딪히면서 자기와 전혀 다른 삶을 살고 있었던 그들을 경험했습니다.

침묵 수양회를 마치고 돌아온 후 또 한 장의 편지를 받게 되었습니다. 거기에는 이렇게 적혀있었습니다. "교수님이 함께 있어서 축복이었습니다. 교수님이 이런 우리 같은 정신지체아 공동체의 지도자가 되어 주신다면 얼마나 커다란 하나님의 선물일까요." 그 당시 헨리 나우엔 교수는 예일대학에서 하버드대학 교수로 이제 막 옮겨 한참 할 일이 많았을 때였습니다.

그리고 그는 하버드대학에서 교수로 일하면서 얼마든지 불쌍한 사람들을 도울 수가 있는데, 그 편지 한 장이 이상하게도 그의 마음에 도전을 주었습니다. '주님이 나를 하버드대학을 떠나서 정신지체아 공동체의 지도자로 나를 부르신다.' 그의 마음에 자꾸 그런 부르심이 느껴져 갈등하기 시작합니다. '어떻게 할까. 어떻게 할까.' 그는 매우 갈등했지만 주님의 강렬한 부르심이라는 사실을 결국 승인할 수밖에 없었습니다.

그래서 그는 하버드대학 교수직을 포기하고 1985년 가을에 캐나다의 토론토 근처에 '데이 브레이크 커뮤니티' (Day Break Community)라는 정신지체아를 위해서 새로 생긴 공동체의 지도자로 떠나갑니다. 그 곳에는 단 6명의 정신지체아들이 있었습니다. 그는 단 6명과 함께 살아가기 위해서 하버드대학의 교수직을 버렸습니다. 그런데 그는 그의 일지에 이렇게 기록합니다.

'이상하다. 이것은 희생이고 이것은 지금까지의 삶을 뒤엎는 나의 새로운 삶이었음에도 불구하고 웬 일인가! 이상한 마음의 평안이. 이 놀라운 평안이여, 자유여, 자유여.'

그는 자기 친구에게 편지를 써서 이런 놀랍고도 충격적인 고백을 합니다.

"나는 이 사람들을 돕기 위해서 여기에 왔다고 생각한다. 그런데 나는 이 공동체에 와서 처음으로 고향을 찾은 것 같은 감정을 느낀다. 탕자였던 내가 오히려 집으로 돌아온 것을 느낀다. 그리고 나는 이 사람들을 돕고 이 사람들을 치료하기 위해서 온 것만은 아니다.

우리 공동체 6명 중 아담이라는 청년이 있는데 그는 정신지체아였지만 깨끗하고 투명한 영혼을 가졌다. 나는 그의 영혼과 부딪치면서 그가 나를 치료하고 있다. 그가 나를 치료하고 있다. 나에게 붙어있던 찌꺼기, 그런 거짓된 위선, 가면, 이런 것들이 찢겨 나가도록 내가 섬기고 있는 아담이 내 영혼을 치료해주고 있다."

이것은 놀라운 발견이었습니다. 그리고 나서 나중에 그는 정신지체아들도 시간은 걸리지만 그들도 예수님을 영접할 수 있고 그들도 그리스도의 사랑에 반응하는 모습을 보기 시작합니다. 1996년 9월 21일에 헨리 나우엔은 세상을 떠났습니다. 그는 떠나기 직전에 이렇게 말했습니다.

"나는 내 사랑하는 우리의 이웃들을 통해서 우리 주님 그리스도를 새롭게 경험했다. 나는 참 행복했다. 나는 참 행복했다."

## 16 기도하는 이유

나더러 주여 주여 하는 자마다 천국에 다 들어갈 것이 아니요 다만 하늘
에 계신 내 아버지의 뜻대로 행하는 자라야 들어가리라
· 마태복음 7:21

어떤 부부가 어느 날 함께 교회에 나와서 열심히 기도하고 있었습니다. 나란히 함께 앉아서 기도하는데 남편이 계속 이렇게 기도했습니다.

"채워주소서. 채워주소서. 오!주님, 채워주소서."

그런데 그 남편 옆에 있던 부인이 이상하게도 자기 남편을 힐끗힐끗 쳐다보면서 기도하는데 그 내용은 더욱 이상했습니다.

"가져가소서. 가져가소서. 가져가소서."

그런 모습을 옆에서 지켜보던 사람이 너무나 이상해서 '이 부부는 뭐 이렇게 기도하나' 라는 생각에 그 부부의 기도를 더 자세히 들어보았습니다. 조용히 귀를 기울이니까 부인의 기도 소리가 들려왔습니다.

"하나님, 이 인간을 채워주셔야 맨 날 자기밖에 모르오니 가져가소서. 가져가소서."

우리가 기도하는 이유는 하나님의 뜻을 알 수 있도록, 그리고 하나님의 뜻 앞에 나를 복종시키고 하나님의 뜻에 의해서 쓰임을 받는 인생이 되기 위해서입니다.

# 문제가 하나도 없는 직장

우리의 년수가 칠십이요 강건하면 팔십이라도 그 년수의 자랑은 수고 와 슬픔뿐이요 신속히 가니 우리가 날아가나이다 ·시편 90:10

금세기에 적극적인 사고방식을 통해서 많은 사람들에게 감동을 주었던 유명한 노르만 빈센트 필 목사님의 이야기입니다. 어느 날 빈센트 필 목사님에게 청년 하나가 찾아와서 이렇게 부탁했습니다.

"목사님, 제가 다니는 직장에는 너무 문제가 많습니다. 문제 없는 직장을 하나 소개해 주시죠." 그의 부탁에 빈센트 필 목사님이 두말하지 않고 흔쾌히 허락했습니다.

"아, 그러십니까? 내가 마침 생각나는 직장이 하나 있는데 지금 내 차를 함께 타고 가시죠." "지금 소개해 주시겠어요?" "그럼요. 지금 소개하죠. 내 차를 타세요."

그래서 그는 이 청년을 자신의 차에 태우고 드라이브를 합니다. 뉴욕 시외로 나가더니 갑자기 이 빈센트 필 목사님이 공동묘지 앞에 차를 딱 세우며 이렇게 말하는 것입니다.

"형제여, 여기가 문제가 하나도 없는 직장입니다. 문제가 하나도 없는 직장!'

우리가 산다는 것은 문제와 더불어 살아가는 것을 의미합니다. 문제없기를 바라는 사람이 더 피곤한 인생을 살 수 밖에 없습니다.

# 병아리 목사님의 설교

진리의 말씀이 내 입에서 조금도 떠나지 말게 하소서 내가 주의 규례를
바랐음이니이다 ·시편 119:43

신학교를 갓 졸업한 어떤 목사님이 처음으로 강단
에 서서 설교를 하게 되었습니다. 목사님은 큰 기대감을 가지고
설교 준비를 잘 해서 원고도 안 보고 멋있게 설교를 하겠다는
생각으로 설교를 시작했습니다. 그런데 너무 흥분한 나머지 설
교의 초반을 이상하게 시작했습니다. "사랑하는 여러분, 키가
작은 니고데모는 기다리고 있었습니다. 키가 너무 작아 예수님
이 보이지 않았던 니고데모는 너무 예수님을 만나고 싶은 나머
지 뽕나무에 올라갔습니다."

그 순간 목사님의 말씀에 성도들이 좀 수근거리기 시작했습
니다. 그러니까 젊은 목사님은 곧 잘못 말한 것을 깨닫고 갑자
기 말을 바꾸었습니다. "그 순간 삭개오가 현장에 나타났습니
다. 그는 뽕나무에 올라가 있는 니고데모를 향해서 이렇게 말했
습니다. '니고데모야, 내가 올라갈 자리에 네가 왜 올라가 있니?
빨리 내려와라.' 그는 그 뽕나무 위에서 예수님을 만났습니다.
그리고 자기 집에 예수님을 모셨습니다. 하나님의 구원을 체험
하고 나서 삭개오는 너무나 감격한 나머지 자기 평생을 걸고 예
수님을 섬겼고 예수님을 쫓아갔습니다. 그러나 니고데모는 어
떻게 되었는지 모르겠습니다."

# 이상한 관계

이는 나 여호와 너의 하나님이 네 오른손을 붙들고 네게 이르기를 두려워말라 내가 너를 도우리라 할 것임이니라 · 이사야 41:13

    제가 몇 년 전에 미국의 로스엔젤레스에 갔을 때, 그 곳에 사시는 어떤 교포 한 분에게 굉장히 재미난 얘기를 들었습니다. 그 분은 저에게 이런 질문을 던지더군요.

    "로스엔젤레스에 사는 우리 한국 교민들이 제일 무서워하는 대상이 있는데 그게 뭔 줄 아십니까?" "잘 모르겠는데 뭡니까?"

    "한국 교민들은 흑인들을 제일 무서워해요. 왜냐하면 총기 사고가 많이 일어나고 그러니까 제일 무서워하지요. 그런데 목사님, 그 흑인들이 제일 무서워하는 사람은 누구인줄 아십니까?" "누군데요?"

    "스페인 계통의 멕시코인들을 제일 무서워합니다. 그런데 그 멕시코인들이 제일 무서워하는 대상은 누군 줄 아십니까?"

    "그것도 역시 모르겠는데요." "월남 사람을 제일 무서워하지요. 월남 깽이 보통이 아니거든요. 그런데 그 월남 사람들이 제일 무서워하는 대상이 누군 줄 아십니까? 한국 사람을 제일 무서워합니다. 월남에 가서 한국 사람들이 하도 개판을 쳐놓아서 한국 사람을 제일 무서워해요."

# 어느 대장장이의 기도

내 이름으로 무엇이든지 내게 구하면 내가 시행하리라
· 요한복음 14:14

제가 최근에 미국 잡지를 읽다가 재미있는 기사를 하나 보았습니다. 유엔은 이 지구상에 많은 나라들이 함께 모여서 세계의 중요한 국제적인 분쟁이나 문제들을 해결하는 중요한 기구입니다. 따라서 여러 나라가 모여있고 또 여러 종교를 대표하고 있기 때문에 특정 종교의 단어를 유엔의 모든 회의석상에서 일체 사용하지 못하도록 되어있습니다.

그래서 미국의 대통령도 미국에서는 연설할 때에 "하나님이 여러분을 축복하시길 바랍니다" 라는 말을 할 수 있지만, 절대 유엔에서는 그런 말을 할 수 없습니다.

그런 유엔의 여러 기구 가운데서도 가장 중요한 정책 기구 중에 하나가 안전보장이사회입니다. 6.25 참전도 거기서 결정되었지요. 그런데 최근에 안전보장이사회에서 중요한 결정을 할 때 쓰이는 이 투표함을 바꾸게 되었습니다. 왜냐하면 철제로 만들어진 투표함을 하도 오랜 기간 사용하여서 이제는 고물이 되었기 때문이었습니다. 그런데 그 투표함을 바꾸는 과정에서 아주 흥미 있는 사실 하나가 발견되었답니다. 그 철제함의 내부를 보니 그 곳에 무슨 글귀가 쓰여져 있었던 것입니다.

그 문구는 이런 것이었습니다.

"이 안전보장이사회에서 이루어지는 모든 결정이 창조주 하나님의 뜻에 합당한 결정이 되어 인류 역사의 올바른 뜻이 이루어지기를 기도합니다. 폴 안토니오."

이 문구를 쓴 사람의 서명까지 적혀있는 것을 본 호기심 많은 사람이 그 이름을 추적해 보았습니다. 알고보니 폴 안토니오라는 사람은 그 철제함을 만들었던 사람이었습니다. 그는 대장장이로서 아주 성실한 크리스천이었습니다.

이 짤막한 에피소드 기사를 실었던 잡지의 기자는 이런 말을 했습니다.

"이것은 얼마나 축복이고 다행인가? 인류 역사의 가장 중요한 국제적 분쟁을 해결하는 안전보장이사회의 투표함에 자기의 기도를 함께 집어넣었던 이 폴 안토니오의 기도는 아마도 지구상에 평화를 가져오는 하나님의 놀라운 뜻에 일조했음에 틀림이 없다. 하나님은 유엔에도 역사하셨다."

# 21 벼룩의 한계

내게 능력 주시는 자 안에서 내가 모든 것을 할 수 있느니라
· 빌립보서 4:13

어떤 심리학자가 여러 개의 벼룩을 가지고 벼룩이
얼마나 높이 뛸 수 있나 하는 것을 실험해 보았습니다. 그는 이
실험을 통해 모든 벼룩들이 20cm는 충분히 다 뛸 수 있고, 어떤
벼룩들은 무려 30cm를 뛸 수 있다는 것을 발견했습니다. 그래
서 그는 높이뛰기에 실력을 가진 벼룩들만 모아서 7~8cm 높이
의 유리컵에 놓고 그 위에다 뚜껑을 덮었습니다. 그래도 벼룩들
은 유리컵 안에서 계속 뛰었습니다. 그러나 유리컵의 한계 때문
에 더 높이 뛰지 못하고 유리벽에 자꾸만 부딪쳤습니다.

한 두 시간이 지난 후 심리학자는 벼룩이 들어있던 유리컵
뚜껑을 벗겨주었습니다. 그런데 놀랍게도 그 이상을 뛸 수 있음
에도 불구하고, 벼룩들은 '이제 나는 그 이상 뛸 수가 없다. 이
7~8cm인 유리컵의 한계가 내 한계다'라는 생각에 더 이상 뛰
지 못하고 있다는 것입니다.

자기의 한계를 너무 낮게 낮추어버리고 인생의 어떤 난제 앞
에서, 인생의 어려움 앞에서 삶을 스스로 포기하는 사람들이 적
지 않게 우리 주변에 있는 것을 볼 수가 있습니다.

# 미켈란젤로의 스승 이야기

값으로 산 것이 되었으니 그런즉 너희 몸으로 하나님께 영광을 돌리라
· 고린도전서 6:20

대부분의 사람들은 미켈란젤로의 이름은 모두 기억하고 있지만, 보톨도 지오바니라는 이름을 기억하는 사람은 그리 많지 않습니다. 보톨도 지오바니는 유명한 미켈란젤로의 스승입니다. 미켈란젤로가 14살이 되었을 때, 미켈란젤로는 보톨도의 문하생이 되기 위해서 그를 찾아왔습니다. 그때 그는 미켈란젤로를 테스트 해 보았습니다. 그의 놀라운 재능을 본 보톨도는 그에게 이렇게 묻습니다.

"너는 위대한 조각가가 되고 싶으냐?"

"네, 그렇습니다. 스승님."

"그렇다면 넌 위대한 조각가가 되기 위해서 무엇이 필요하다고 생각하느냐?"

"제가 가지고 있는 재능과 기술을 더 닦아야 한다고 생각합니다."

"네 기술만으로는 안 된다. 너는 네 기술로써 무엇을 위하여 쓸 것인가 먼저 분명한 결정을 해야 된다."

그리고 미켈란젤로가 자기의 문하생이 된 그날, 이 스승은 어린 미켈란젤로를 데리고 나가서 두 군데를 구경시켜 주었습니다. 처음으로 구경시켜준 곳은 바로 술집입니다.

"스승님, 술집 입구에 아름다운 조각이 있어요."

"이 조각은 아름답지만 조각가는 술집을 위해서 이 조각을 사용했단다."

이 스승은 다시 어린 미켈란젤로의 손을 잡고서 아주 거대한 성당으로 갔습니다. 그리고 성당의 입구에 세워진 아름다운 조각상을 보여주었습니다.

"너는 이 아름다운 천사의 조각상이 마음에 드느냐, 아니면 저 술집 입구에 있는 조각상이 마음에 드느냐? 똑같은 조각이지만 하나는 하나님의 영광을 위해서 쓰여졌고, 또 하나는 술 마시는 흥행과 쾌락을 위해서 세워졌단다. 너는 네 기술과 재능을 무엇을 위하여 쓰기를 원하느냐?"

스승의 물음에 어린 미켈란젤로는 세 번씩 대답했다고 합니다. "하나님을 위하여, 하나님을 위하여, 하나님을 위하여 쓰겠습니다." "그래, 그것이 무엇보다도 중요하다. 네 재능보다도 더 중요한 것은 네 재능을 하나님을 위하여 쓴다는 것이다."

우리는 지금 우리가 가지고 있는 몸, 시간, 기회 등을 무엇을 위해서 쓰고 있습니까?

# 사역의 고초

믿음의 주요 또 온전케 하시는 이인 예수를 바라보자 저는 그 앞에
있는 즐거움을 위하여 십자가를 참으사 ·히브리서 12:2

      빌리 선데이(Billy Sunday)라는 미국의 유명한 전
도자가 있었습니다. 그는 사역 초기에 이런 에피소드가 있었습
니다. 그는 아주 말을 잘 할 뿐더러 조금 야성적인 스타일의 전
도자였습니다. 그가 아직 틀이 잡히지 않은 설교자이면서 젊은
목회자로서 어떤 개척교회 같은 작은 교회에서 일을 할 때였습
니다.

    한 번은 아주 열렬하게 침을 튀기면서 열심히 설교를 끝낸
후, 그는 교인들과 인사를 나누기 위해 교회 문 뒤로 나갔습니
다. 그때 어떤 교인들이 와서 '아! 목사님, 그런 열렬하고 뜨거
운 설교는 처음 들었습니다' 라고 칭찬을 했습니다.

    그런데 그의 옆에 서 계셨던 아주 나이 많은 목사님 한 분이
옆구리를 쿡쿡 찌르면서 "기도해!' 라고 말했습니다.

    그래서 그가 "뭐라고 기도할까요?' 했더니 그 목사님은 "교
만하지 말게 하소서' 라고 기도 내용을 말해 주셨습니다.

    그 다음에 어떤 교인이 오더니 "목사님! 무슨 설교를 그렇게
무례하게 하십니까? 시험 들겠어요?' 라고 했습니다.

    그 순간 그는 다시 옆에 있는 나이 많은 목사님을 쳐다보니
까 목사님이 또 "기도해!' 라고 말합니다.

그래서 또다시 그는 "뭐라고 기도할까요?" 라고 물었더니 이 번에는 "낙심하지 말게 하소서!" 라고 말해주었습니다.

++++++

지옥은 밋밋한 내리막 길

평신도 신학자이고 문학가, 변증가였던 영국인인 C. S. 루이스(C. S. Lewis)는 이런 말을 했습니다.

"지옥으로 가는 길은 결코 벼랑이 아니다. 지옥을 향한 길은 밋밋한 내리막길이다. 사람들은 그 길을 기분 좋게 걸어간다."

이 말은 무척 의미심장한 말입니다. 지옥으로 가는 길은 갑자기 벼랑으로 떨어지는 길이 아니라 사람들이 의식하지 못하는 사이에 밑바닥까지 내려가게 하는 밋밋한 내리막길입니다.

# 공동체로서의 인식

몸 가운데서 분쟁이 없고 오직 여러 지체가 서로 같이하여 돌아보게 하셨으니 만일 한 지체가 고통을 받으면 모든 지체도 함께 고통을 받고 한 지체가 영광을 얻으면 모든 지체도 함께 즐거워하나니 너희는 그리스도의 몸이요 지체의 각 부분이라 • 고린도전서 12:25~27

어느 날 한 젊은이가 스펄전 목사님을 찾아와서 자신의 고민을 꺼내며 이런 요청을 합니다.

"목사님, 저는 교회 생활하는데 힘이 듭니다. 늘 시험받게 됩니다. 목사님께서 문제없는 완전한 교회 하나 소개해 주세요."

이때 스펄전 목사님은 빙그레 웃으면서 젊은이에게 이렇게 말했습니다.

"자네가 혹시 그런 교회를 찾으면 나에게 꼭 알려주게. 나도 그 교회 가서 그 교인이 되고 싶네. 그러나 자네는 그런 교회를 찾거든 절대로 그 교회에 속하지 말게."

"왜요?"

"왜냐하면 자네가 끼는 그날부터 그 교회의 완전은 깨질 테니까 말이야. 바로 자네 때문에 말이야."

불완전한 인간이 모여서 형성하는 공동체는 언제나 문제들이 있을 수밖에 없습니다. 문제가 없기를 기대하는 것은 허구적 이상주의라고 할 수 있습니다.

# 진정한 교제

이로써 네 믿음의 교제가 우리 가운데 있는 선을 알게 하고 그리스도께 미치도록 역사하느니라 ·빌레몬서 1:6

크리스천 작가였던 유명한 마크 트웨인은 이런 재미있는 말을 남겼습니다.

"나는 개와 고양이를 한 우리 안에 넣어보았다. 뜻밖에도 그들은 내 기대를 뛰어넘어서 잘 지내는 모습을 나에게 보여주었다. 나는 이번에는 새와 돼지와 염소를 한 우리 안에 집어넣어 보았다. 그들은 약간의 적응하는 시간이 필요했지만 마침내 그들도 더불어 잘 어울릴 수가 있었다. 나는 이번에는 장로교인과 감리교인과 침례교인을 한 우리 안에 함께 있도록 했다. 그런데 그들은 결코 잘 지낼 수가 없었다."

이것은 '그리스도인들이 얼마나 교제를 소중하게 관리하지 못하는가! 라는 모습을 꼬집은 풍자적인 해학이라고 할 수 있습니다.

# 내 너를 위하여

내가 그리스도와 함께 십자가에 못 박혔나니 그런즉 이제는 내가 산 것이 아니요 오직 내 안에 그리스도께서 사신 것이라 이제 내가 육체 가운데 사는 것은 나를 사랑하사 나를 위하여 자기 몸을 버리신 하나님의 아들을 믿는 믿음 안에서 사는 것이라 ·갈라디아서 2:20

1858년 영국에서 독일로 유학해서 공부하고 있던 한 여학생이 있었습니다. 22살 먹은 이 여학생은 목사님 딸로서 소위 명목상의 기독교인(Nominal Christian)에 불과했습니다. 이 여학생은 신앙 생활을 등한히 한 채 단지 자신에게 주어진 유학생활만 충실히 하다가 그만 병이 들었습니다.

어느 날 그녀의 한 친구가 자기의 집에 초청했는데, 친구의 집은 별장같이 큰 저택이었습니다. 그녀는 친구의 집 복도를 걷다가 벽에 걸려있는 어떤 그림 하나가 그녀의 시선을 끄는 것을 느꼈습니다.

그 그림은 유명한 렘브란트가 그린 작품이었습니다. 거기에는 빌라도의 법정에서 가시 면류관을 쓰고 채찍으로 맞아 고난 받으며 모욕과 침 뱉음을 당하고 있는 예수님의 모습이 그려져 있었습니다. 그 그림은 살아 움직이듯 그녀를 그림 가까이 끌어당기고 있었습니다. 그녀는 몸이 얼어붙듯 그 그림 앞에 섰습니다. 그림 아래에는 글귀 하나가 쓰여 있었는데, 그 글귀가 그녀의 마음을 확 사로잡았습니다. 거기에는 이렇게 쓰여져 있었습니다.

"나 너를 위해 이렇게 고난을 받았는데 너는 나를 위해 무엇

을 주느냐? 너는 나를 위해서 무엇을 주느냐?'

그 글을 본 그녀는 흐르는 눈물을 어떻게 할 수 없었습니다. '내가 주님을 잊고 나를 위해 희생하시고 고난을 받으신 그리스도를 망각하고 살았구나! 주님, 이것이 사실이라면 내가 주님을 위해서 드리지 못할 것이 없습니다.'

그날 밤 집에 돌아온 그녀는 붓을 들어서 그 그림에서 받았던 감동과 자기 헌신의 결심을 한 편의 찬송시로 쓰기 시작했습니다. 그것이 찬송가 185장입니다.

내 너를 위하여 몸 버려 피 흘려
네 죄를 속하여 살 길을 주었다
너 위해 몸을 주건만 날 위해 무엇 주느냐
너 위해 몸을 주건만 날 위해 무엇 주느냐

# 당신 말이 옳소

오직 너희 말은 옳다 옳다, 아니라 아니라 하라 이에서 지나는 것은
악으로 좇아 나느니라 •마태복음 5:37

탈무드를 읽다가 옛날 우리 나라 황희 정승을 연상
시키는 얘기라서 혼자 웃었던 이야기입니다. 어떤 젊은 두 사람
이 서로 갈등이 생겨서 유대인 랍비를 찾아왔습니다. 그리고 그
둘은 랍비에게 자신들의 입장만을 앞 다투어 호소하기 시작합
니다.

그때 랍비는 그러지 말고 한 사람씩 와서 따로 따로 이야기
하라고 했습니다. 그래서 두 사람 중 한 사람이 먼저 와서 랍비
에게 자기의 문제를 쭉 이야기했습니다. 그의 말을 다 듣고 난
랍비는 그에게 "당신 말이 옳소"라고 합니다.

그 다음에 두 번째 사람이 와서 자기 입장을 말합니다. 두 번
째 사람의 말을 들은 랍비는 처음에 온 사람에게 한 말과 같이
똑같은 말을 합니다. "당신 말이 옳소."

그 얘기를 뒤에서 듣고 있던 랍비의 아내가 이렇게 질문합니
다. "아니, 두 사람 다 옳다고 하면 해결이 됩니까? 도대체 당신
그게 판단이라고 한 거예요?"

랍비는 아내를 바라보면서 "당신 말이 옳소. 당신 말이 옳
소"라고 대답했습니다.

# I'm OK, You're OK

너희는 사람 앞에서 스스로 옳다 하는 자이나 너희 마음을 하나님께서
아시나니 그것은 하나님 앞에 미움을 받는 것이니라 ·누가복음 16:15

　　심리학자인 해리슨의 저서 가운데 아주 유명한
「I'm OK, You're OK」라는 책이 있습니다. 이 책의 제목처럼
'나도 옳을 수가 있고 당신도 옳을 수가 있다. 또 나도 틀릴 수
가 있고 당신도 틀릴 수가 있다'라고 생각하는 사람은 건강한
사람입니다.

　　그런데 문제는 바로 '나는 옳은데 네가 틀렸다'(I'm OK,
You're not OK)라고 생각하는 사람입니다. 이런 사람은 항상
네가 틀렸다며 상대방을 비난하기 때문에 항상 자기가 정의라
고 생각합니다. 그리고 자기가 정의의 잣대이기에 다른 사람은
항상 불의하다고 생각합니다.

　　그래서 이들은 단순한 방법론의 차이, 주관적 해석 등을 가
지고 자기가 옳다고 생각하여 다른 사람을 평가합니다. 이들은
항상 자신이 옳다고 주장하면서 항상 공격적이고 파괴적이며
비판적인 이론을 진술하는 사람들입니다.

　　심리학자들은 이런 사람들을 거의 환자라고 봅니다. 이런 사
람들은 정신병을 앓고 있는 것이기에 치료해야만 합니다. 그렇
지 않으면 자신도 불행하고 공동체를 불행하게 만들고 맙니다.

　　이런 사람들은 공동체 안의 화평과 조화를 깨뜨리는 경향이

있습니다. 과연 우리 자신은 어떤 사람들일까요?

✛✛✛✛✛✛

돌아갈 수 없는 다리

오엠(OEM) 선교회 총재인 조지 바우어는 젊은 나이에 구원받고 나서 예수 앞에 자기 일생을 몽땅 바치기로 결심했습니다. 그를 지켜보던 친구들이 묻습니다. "구원받은 소감이 어떠냐?"

그때 그는 이런 인상 깊은 말로 대답했다고 합니다.

"나는 오늘 다시는 돌아갈 수 없는 다리를 건넜다 (No Turning Back). 나는 이제 앞으로 나갈 수밖에 없다."

# 29 나체 촌에서 설교하신 목사님

돈을 사랑함이 일만 악의 뿌리가 되나니 이것을 사모하는 자들이 미혹을 받아 믿음에서 떠나 많은 근심으로써 자기를 찔렀도다
• 디모데전서 6:10

　　국제적인 유머를 다루는 어떤 책에 이런 이야기가 있었습니다. 어떤 유럽의 목사님이 나체 촌에 가서 설교를 하게 되었습니다. 설교하고 돌아온 목사님에게 사모님은 소감이 어떠했는지, 무슨 생각을 하며 설교를 했는지에 대하여 묻습니다. 과연 목사님은 무슨 생각하며 설교했을까요?

　　이 목사님은 사모님에게 '저 사람들이 헌금을 과연 낼 것인가, 안 낼 것인가' 라는 생각을 하면서 설교했다고 말했습니다. 목사님 생각에는 그들이 옷을 걸치지 않았기 때문에 주머니가 없어서 헌금을 준비하지 못했을 것이 신경 쓰였답니다.

# 찰스 스윈돌의 위기 모면

그런즉 저희를 두려워하지 말라 감추인 것이 드러나지 않을 것이 없고
숨은 것이 알려지지 않을 것이 없느니라 ·마태복음 10:26

미국에 제가 좋아하는 유명한 목사님 중에 찰스 스
윈돌이라는 분이 계십니다. 한 번은 이분이 주일날 설교 중에
"우리 크리스천들은 법과 질서를 지켜야 합니다. 교통신호도
정확하게 지키십시오"라고 했습니다.

그런데 예배가 다 끝나서 집에 돌아가는 길에 그만 이 목사
님이 딴 생각을 하다가 빨간 불인데도 모르고 지나갔습니다. 지
나가는 순간 빨간 불이었다는 사실을 알고 깜짝 놀라서 옆을 보
니까 자꾸 사람들이 쳐다보는 것 같았습니다. 목사님은 순간적
으로 '아, 교인들이로구나!내가 설교해 놓고 내가 규칙을 어기
다니'라고 생각하며 교인들에게 들킨 것 때문에 너무나 창피했
습니다. 그래서 그냥 쳐다보지 않고 차를 몰아서 얼른 집으로
와 버렸습니다.

얼마 후 전화가 왔습니다. "목사님, 아까 차 가지고 지나가셨
죠? 내일 우리 교인들이 목사님을 만나고 싶습니다." 목사님은
'교인들이 아마 따지려고 그러나 보다'라고 생각했습니다. 목
사님은 "그냥 점심 같이 해요"라고 말은 했지만 속으로는 무척
걱정스러웠습니다.

그 이튿날 점심시간에 굉장히 유머가 많으셨던 목사님은 목

에다 무얼 걸고 약속 장소에 나갔습니다. 거기에는 '나는 죄인이다' (I am guilty)라고 쓰여져 있었습니다. 그런 것을 목에 걸고 나오니까 얼마나 우스웠겠습니까? 교인들은 막 배꼽을 잡고 웃으면서 박수를 치고 환영했습니다. 교인들의 반응에 목사님은 갑자기 뒤를 돌아섰는데 뒤에는 또 다른 글이 걸려있었습니다. 거기에는 "너희 중에 죄 없는 자가 먼저 돌로 치라"고 쓰여 있었습니다.

# 첫걸음의 중요성

악인의 길은 어둠 같아서 그가 거쳐 넘어져도 그것이 무엇인지 깨닫지 못하느니라 · 잠언 4:19

믿음과 순종은 한 걸음부터 시작됩니다. 우리들이 신앙을 위해 내딛는 첫걸음은 무엇보다도 중요합니다. 에디슨은 인류 역사상 최초로 전구 실험을 해서 성공한 사람입니다. 그런데 처음에는 그 전구가 얼마나 희미한지 촛불을 밝혀야 볼 수 있었다고 합니다. 전구를 만들긴 만들었는데 촛불을 비춰놓고 봐야 볼 수 있었습니다.

그러나 이것이 첫걸음이었습니다. 그 첫걸음이 얼마나 중요한 것입니까? 라이트 형제가 비행기를 처음 만들어 날렸을 때, 그 비행기는 공중에 불과 12초를 머물다가 떨어졌습니다. 그러나 불완전한 첫걸음, 그 첫걸음이 지금 우리가 비행기를 타고 다니도록 만들어 주었던 것입니다.

인류 역사상 최초의 증기선이 미국 뉴욕에서 알바니아를 향해서 나아갈 때 지금 배를 타고 가면 천천히 가도 30분이 걸리는 거리를 그 당시만 해도 거의 30시간이 걸렸다고 합니다. 그러나 이 최초의 첫걸음, 바로 그 스팀 엔진의 고동 소리와 함께 떠나갔던 배의 행진은 그 무엇보다 중요했습니다.

인류 역사상 최초 자동차 실험에서 자동차는 1시간에 2마일을 갔답니다. 1시간에 2마일. 그러니까 마차하고 가면 자동차보다 마차가 먼저 갔다는 말입니다. 그래서 그 당시 마차를 타고 가던 마부들이 차라리 내 마차나 타라고 하며 자동차를 비웃었습니다. 그러나 그렇게 출발했던 그 불완전한 자동차 시운전의 첫걸음은 중요했습니다.

우리 믿음의 첫걸음, 헌신의 첫걸음, 봉사의 첫걸음이 불완전해도 괜찮습니다. 우리가 내딛는 첫걸음이 마침내 영광스러운 미래를 가능케 할 것입니다.

# 한 병사의 편지를 대필해준 링컨

내게는 모든 것이 있고 또 풍부한지라 에바브로디도 편에 너희의 준 것을 받으므로 내가 풍족하니 이는 받으실 만한 향기로운 제물이요 하나님을 기쁘시게 한 것이라 · 빌립보서 4:18

링컨의 전기에 보면 이런 얘기가 있습니다. 어느 크리스마스가 가까운 계절에 링컨은 크리스마스를 어떻게 뜻 있게 보낼까 생각하고 있었습니다. 그때 당시에는 남북 전쟁이 한참 진행 중이었습니다. 링컨은 깊이 생각하다가 어느 순간 나라를 위해 싸우다가 부상당한 사람들이 떠올랐습니다.

그래서 그는 야전 병원에 찾아갔습니다. 그는 부상자를 위로하다가 거의 죽음에 이르러 피를 흘리고 있는 한 병사를 발견했습니다.

"얼마나 아프세요? 제가 뭐 해 드릴 일이 있습니까?"

그 병사는 대통령인 줄도 모르고 "미안하지만 편지 좀 써 주세요"라고 합니다.

그래서 링컨은 그 병사가 불러주는 대로 대신해서 편지를 써 줍니다.

"사랑하는 어머니, 저는 살아서 집에 못 돌아갈 것 같아요. 그러나 당신의 아들은 나라를 위해서 용기 있게 싸웠어요. 어머니, 정말 어머니를 사랑합니다. 가족들에게 안부 전해주세요. 천국에서 만나요."

링컨은 마지막 줄에 그 병사의 이름을 쓰고 그 아래에다가

'아브라함 링컨이 대서(代書)함' 이라고 쓰고 사인했습니다. 그 병사가 다 쓴 편지를 좀 보여 달라고 했습니다. 결국 그 병사는 자신의 편지를 대신 써준 사람이 대통령임을 알게 되었고 감사의 마음을 전합니다.

"각하, 너무 감사합니다."

이때 링컨은 고개를 흔들면서 "아니에요. 내가 당신에게 감사를 드려야 되요. 당신은 나의 가족, 당신은 나의 아들입니다. 당신은 나를 대신해서 싸운 거예요" 라고 답했습니다. 그 병사는 마지막으로 대통령의 손을 잡기 원했고, 한참 시간이 흐른 후 링컨의 손을 잡은 채 평화로운 모습으로 눈을 감았다고 합니다.

그때 링컨은 그의 볼에다 키스하면서 이렇게 말합니다.

"나의 사랑하는 아들이여(My son), 메리 크리스마스!" (Merry Christmas).

# 33 참을성 없는 아브라함

너희의 인내로 너희 영혼을 얻으리라 ·누가복음 21:19

히브리 사람들이 읽는 민화집에 이런 이야기가 있습니다. 어느 날 아브라함이 저녁 무렵 텐트 바깥에 나와서 앉아 있었습니다. 그런데 멀리서 80세 가량 되어 보이는 노인이 터벅터벅 찔뚝거리면서 아브라함이 있는 쪽으로 걸어옵니다. 그 노인은 피곤한 표정, 남루한 옷차림, 거지에 가까운 옷차림이었습니다. 그는 무척 배고파 보였습니다. 그리고 그의 얼굴은 아주 찌들은 모습이었습니다.

이 80세 된 노인이 아브라함에게 오더니 "당신 장막에서 하룻밤 쉬어 갈 수 있겠소?" 라고 묻습니다. 아브라함은 하나님의 사람답게 "그러세요? 들어오세요. 저희 장막에서 쉬어 가시죠" 라고 흔쾌히 허락합니다. 그리고 이 노인장의 발을 정성스럽게 물로 씻겨 주었습니다. 그리고 식사를 준비해서 대접합니다.

그런데 이 노인이 기도를 안하고 식사를 하는 것입니다. 그러한 그의 태도에 화가 난 아브라함은 노인에게 "하나님께 감사기도를 하고 식사하시죠?" 라고 말했습니다. 그러니까 이 노인은 "하나님이요? 나에게는 음식이 바로 하나님이요" 라고 대꾸합니다. 더욱 더 화가 난 아브라함은 "노인장, 나는 노인장 같은 노인은 우리 집에서 모시고 싶지 않소" 라고 말하고 쫓아버렸습니다.

그날 밤 아브라함이 자고 있는데 하나님이 나타나셨습니다.

"아브라함아!"

"네, 하나님."

"오늘 저녁에 너희 집에 손님이 왔지?"

"네, 그랬었습니다."

"왜 쫓아냈니?"

"아, 하나님도 보셨군요. 아시잖아요? 하나님을 모독하고, 음식이 하나님이라고 하는데 전 도저히 참을 수 없었습니다. 그래서 그냥 쫓아냈습니다."

하나님께서 아브라함에게 이렇게 말씀하십니다.

"아브라함아, 나는 말이야. 그 노인을 80년이나 참았는데. 너는 말이야, 하루 저녁, 그리고 한 시간도 참을 수가 없었더냐?"

# 신 레몬으로 레몬차를 만들어라

여호와여 나를 살피시고 시험하사 내 뜻과 내 마음을 단련하소서
• 시편 26:2

　　미국 사람들은 자동차 범퍼에다 여러 가지 종류의 스티커를 많이 붙이고 다니는 것을 보게 됩니다. 그 많은 범퍼 스티커 가운데 이런 스티커가 하나 있습니다.

　'아주 쓰고 신 레몬을 주거든, 그것을 레모네이드 차로 만들어라' (When life hands you a lemon, Make it lemonade). 이 말은 쓰디쓴 인생의 경험이 오히려 달콤하고 아름다운 인생의 축복으로 변모할 수가 있다는 놀라운 사실을 말해주고 있습니다. 신 레몬을 달콤한 레몬차로 만들어 마시라는 말입니다.

　시험을 통해서 주님이 나에게 주실 궁극적인 유익과 소망을 바라볼 수 있는 사람이라면 이 시험은 결코 파괴적인 것만은 아닙니다. 내가 믿음의 사람이 되고, 내가 인내의 사람이 되고, 내가 지혜의 사람이 되고, 내가 하나님의 기뻐하는 사람이 되어 주 앞에 서 있게 될 것입니다. 그렇다면 시험의 폭풍우 속에서도 우리는 노래할 수가 있습니다. 울면서도 찬양할 수 있습니다. 그리고 마침내 예수 그리스도의 인격을 만들어갈 수 있을 것입니다.

# 35 깨어짐의 영성의 법칙

도가니는 은을, 풀무는 금을 연단하거니와 여호와는 마음을 연단하시느니라 ·잠언 17:3

제가 좋아하는 헨리 나우엔의 책에 이런 글이 있습니다. 그는 중세기 어떤 수도사의 얘기를 인용하고 있었습니다. 아주 노련하고 존경받는 수도사 한 사람이 젊은 수도사의 교육을 막 시작했습니다. 아직은 좀 건방지고 교만한 구석이 있는 젊은 수도사에게 교훈을 주기 위해서 그는 흙을 만지면서 이런 대화를 나눕니다. 아주 견고하고 딱딱한 흙을 만지면서 젊은 수도사에게, "여보게, 여기 물 좀 붓지"라고 말합니다.

그래서 젊은 수도사는 물을 부었습니다. 그런데 물이 흙으로 스며드는 것이 아니라 딱딱한 흙이라서 그냥 옆으로 흘러내리고 맙니다. 노련한 수도사는 "이 딱딱한 흙은 물을 받지 못하네"라고 말하면서 옆에 있는 망치를 집어들더니 그 딱딱한 흙덩이를 부수기 시작했습니다. 그런 후에 젊은 수도사에게 다시 물을 부어 보라고 합니다. 젊은 수도사가 부서져서 부드러워진 그 흙 속에 물을 붓자 그 물이 흙을 응고시키기 시작했습니다.

그 다음에 이 수도사는 웃으면서 말합니다. "여기다가 말이야. 씨를 뿌리면 틀림없이 꽃을 피우고 열매를 맺을 것이 아니겠나? 수도하는 사람들은 이것을 깨어짐의 영성의 법칙이라고 말하지."

깨어짐의 영성의 법칙이란 내가 깨어지고 내가 부서질 때 하나님은 거기서 기뻐하는 꽃과 아름다운 열매를 맺도록 하신다는 것입니다. 그 열매를 위하여, 아름다운 꽃을 위하여 때로 하나님이 나를 깨부수는 순간들이 있습니다.

그때 우리는 원망하기보다 '하나님, 깨뜨리세요. 깨뜨리세요. 그리고 하나님이 기뻐하시는 사람으로 저를 만들어주세요' 라고 기도해야 할 것입니다.

# 36 사랑 편지의 결과

장로는 사랑하는 가이오 곧 나의 참으로 사랑하는 자에게 편지하노라
· 요한삼서 1:1

　어떤 형제가 한 자매를 너무 좋아했습니다. 그래서 형제가 그 자매에게 사랑을 고백했지만 자매 쪽에서 전혀 반응이 없었습니다. 그래서 형제는 하루에 한 번씩 편지를 쓰기로 결심을 하고 사랑의 고백 편지를 쓰기 시작했습니다.

　이 자매는 일주일이면 일곱 통의 편지를 받았지만 아무런 반응을 하지 않았습니다. 형제는 더 독한 결심으로 하루에 세 번 편지를 쓰기로 마음을 먹었습니다. 결국 이 자매는 감동을 받았습니다.

　그런데 어떤 일이 일어났을까요? 이 자매가 결혼한 상대는 편지를 보낸 사람이 아닌 편지를 배달한 우체부였습니다.

　사랑은 아름다운 교제를 통해 이루어집니다.

# 정직이라는 시험

나의 하나님이여 주께서 마음을 감찰하시고 정직을 기뻐하시는 줄 내가
아나이다 ·역대상 29:17

　　미국의 밴더빌트 대학에서 수학을 가르치던 매디
슨 새럿이란 교수가 있었는데, 그는 아주 존경받는 경건한 크리
스천 교수였습니다. 그는 강의를 시작할 때마다 학생들에게 자
주 하는 말이 있었는데, 특히 시험을 칠 때는 어김없이 이 말을
함으로써 시작했다고 합니다.

　"여러분, 여러분은 오늘 시험을 치르게 되었습니다. 시험관
은 두 분입니다. 나 매디슨 교수와 함께 시험을 감독하실 분은
바로 하나님이십니다. 여러분은 이 두 분을 다 의식해야 합니다.
그리고 여러분은 두 가지 시험을 치르는 것입니다. 하나는 수학
시험이고 또 하나는 정직이라는 시험입니다. 여러분은 수학 시
험보다도 정직이라는 시험에 패스하도록 노력해야 합니다. 왜
냐하면 정직한 인생, 이것은 인생 전체를 살아가는 여러분의 중
요한 테스트가 되기 때문입니다."

# 들통난 거짓말

거짓 행하는 자가 내 집 안에 거하지 못하며 거짓말하는 자가
내 목전에 서지 못하리로다 ·시편 101:7

고등학생 몇 사람이 어느 주일날 교외로 나가 신나게 하루 종일 놀았습니다. 다음날 아침이 되자 그들은 학교에 가고 싶지 않았습니다. 그 중 한 학생이 꾀를 냈습니다.

"야, 우리 하루 더 놀자. 그리고 완전히 결석하면 안 되니까, 이따 오후 학교 수업이 끝나기 직전에 들어가는 거야. 그리고 사실 주일날 우리가 교외로 놀러갔었는데 자동차 타이어가 펑크났다고 하는 거야. 더욱이 타이어를 고칠 기구가 없어서 하루 종일 애쓰다가 가까스로 고쳐서 겨우 왔다고 보고하자."

그들은 서로 합의하여 학교에 가지 않고 월요일의 반나절을 더 신나게 놀았습니다. 오후가 되자 그들은 학교에 들어가 선생님에게 거짓말을 하기 시작했습니다.

그들의 이야기를 다 들은 선생님은 빙그레 웃으면서 "뭐 그럴 수도 있지"라고 하시면서 그들에게 메모지 한 장씩을 주시더랍니다. 그리고는 각각 네 사람이 떨어져서 펑크 난 자동차 타이어가 왼쪽, 오른쪽 어느 쪽인지를 쓰게 하였습니다.

거짓은 반드시 드러나도록 되어있습니다.

# 탄생의 신비

내가 주께 감사하옴은 나를 지으심이 신묘막측하심이라 주의 행사가 기이함을 내 영혼이 잘 아나이다 · 시편 139:14

폴 브랜드라는 크리스천 의사와 필립 얀시가 함께 저술한 우리 시대의 기독교 명저 가운데 하나로 손꼽힐만한 책이 있습니다. 바로 「오묘한 육체」(Fearfully and Wonderfully Made: *The Mystery of the Body and Soul*)입니다.

이 책에서 폴 브랜드는 이렇게 말합니다.

"세상에는 우리가 놀랄 것이 많이 있지만, 먼저 우리는 우리의 탄생에 대하여 놀래야만 한다. 인간의 탄생. 이것은 기적 중에 기적이요, 신비 중에 신비가 아닐 수가 없다. 생각해 보라. 정자와 난자의 만남으로 단 하나의 수정난 세포에서 10조개에 이르는 세포가 생성되고 드디어 거기에서 한 생명이 탄생한다. 바로 한 아기가 탄생하는 것이다. 이 신비를 어떻게 말할 수가 있을까?"

# 하나님의 작품

그러나 여호와여 주는 우리 아버지시니이다 우리는 진흙이요 주는
토기장이시니 우리는 다 주의 손으로 지으신 것이라   ·이사야 64:8

하나님은 우리 안에 하나님의 숨결을 불어넣으시
고 하나님의 형상을 주셨습니다. 그래서 우리 안에는 하나님의
사인이 있습니다. 하나님의 사인이 있는 작품은 얼마나 소중한
작품일까요? 아주 오래 전에 있었던 실화입니다.

미국 사람 하나가 불란서 여행을 하다가 불란서 시골 가게에
서 목걸이 하나를 봤습니다. 그는 그 목걸이가 너무나 특이하고
재미있어서 관심을 갖고 살펴보았습니다. 그런데 목걸이를 파
는 사람은 그리 비싸지 않은 저렴한 가격으로 그에게 팔았습니
다. 그리고 다시  미국으로 돌아오는데 공항에서 세관 통과를
할 때 목걸이에 대한 의외의 세금을 내야 했습니다. 그래서 이
거 비싸지도 않은 물건인데 그렇게 높은 세금을 매기느냐고 항
의를 했더니, 세관이 하는 말이 이것은 손님이 생각하는 것보다
고가의 물건이라는 것입니다.

결국 세금을 지불하고 나와 그는 보석상에 가서 보석 감정사
에게 그 목걸이의 값어치에 대하여 물었습니다. 그런데 확대경
을 가지고 한참동안 그 목걸이를 보던 이 감정사가 놀래기 시작
합니다.

"손님이 가지고 오신 이 목걸이는 보통 목걸이가 아니네요.

좀 보시지요."

그래서 확대경으로 가만히 보니까 거기에는 이런 글자가 새 겨져 있습니다.

'죠세핀에게… 보나파르트 나폴레옹.'

그 목걸이에는 나폴레옹의 사인이 있었던 것입니다.

한 때에 세계를 지배했던 나폴레옹의 사인이 있다고 해서 그 목걸이를 그토록 훌륭한 값어치로 취급하는데, 우리 안에는 하 나님의 사인이 있고 하나님의 형상이 있습니다. 세상에서 그 무 엇과 비교할 수 없는 너무나 소중한 작품인 나라는 존재, 그 안 에는 하나님의 숨결이 있습니다. 내 인생은 하나님의 기대가 있 습니다. 그래서 나를 기대하고 내 삶 속에 간섭하시는 하나님은 내가 죄 가운데 있을 때 나를 그대로 버려둘 수가 없어서 독생 자 예수 그리스도를 보내시고 나를 구원하셨습니다. 그렇게 나 를 소중히 여겨주신 하나님, 이 하나님의 은혜를 생각할 때 우 리의 응답은 무엇입니까?

# 나의 존재만으로도
# 기뻐하시는 하나님

너의 하나님 여호와가 너의 가운데 계시니…그가 너로 인하여 기쁨을 이기지 못하여 하시며 너를 잠잠히 사랑하시며 너로 인하여 즐거이 부르며 기뻐하시리라 하리라  ·스바냐 3:17

미국 로스엔젤레스에서 올림픽이 열렸던 때 일입니다. 그때 뉴스를 보니까 중국 선수 하나가 다이빙 종목에서 금메달을 땄습니다. 그 선수가 인터뷰를 하는데, 저는 아직도 그 인터뷰 장면을 잊을 수가 없습니다. 사실 단거리 경주라든지 수영이라든지 이런 종목에서는 동양 선수들이 불리한데도 불구하고 중국 사람으로서, 더욱이 여자 선수로서 금메달을 딴 것입니다. 아주 유연하고 침착한 자세로 멋진 폼을 내며 다이빙에 성공해서 금메달을 딴 중국 선수에게 한 기자가 묻습니다.

"당신은 서양 선수들과 비교할 때 왜소한 체격을 가졌음에도 불구하고 그들을 뛰어넘어 그렇게 유연한 몸동작, 침착한 자세, 전혀 두려움이 없이 멋지고 놀라운 모습으로 다이빙에 성공할 수 있었는데 그 비결이라도 있습니까?"

이때 이 중국 여자 선수가 아주 흥미 있는 대답을 했습니다.

"어머니 때문입니다. 어머니 때문에…"

기자가 "어머니 때문이라니요?" 라고 되묻자, 그녀는 자기 어머니에 대한 이야기를 말하기 시작했습니다.

"내가 어렸을 때 나는 100m 경주를 좋아했습니다. 그래서 경기에 자주 나갔지만 나는 자주 잘 넘어졌고 매번 입상권 안에

들지도 못하고 돌아와야 했지요. 그 때마다 어머니는 늘 이렇게 말하곤 했답니다. '사랑하는 딸아, 나에게는 네가 일등 하는 것은 문제가 아니야. 네가 넘어져서 일어날 때에 네 모습이 더 아름다웠단다. 네가 일어나는 모습이 일등보다도 내게는 더 뿌듯했단다' 라고 말이죠. 그리고 내가 다이빙을 시작할 때 어머니는 걱정스러운 모습으로 와서 지켜봤죠. 때로는 실수하기도 하고 때로는 잘못하기도 하고, 그때마다 어머니는 똑같은 말씀을 하셨습니다.

'일등은 문제가 아니야. 나는 네가 운동하는 그 모습, 그 자체가 나에게 기쁨이란다. 너를 보는 것이 내게 기쁨이야. 너를 보는 것이 어머니의 행복이야.' 나는 다이빙의 그 스탠드에 설 때마다 어머니를 떠올립니다. 그러면 저절로 웃음이 나오고 긴장이 풀어지기 때문에 침착한 모습으로 언제나 경기에 임할 수 있습니다. 제가 금메달을 딸 수 있었던 비결은 바로 어머니 때문입니다."

저는 그 인터뷰의 내용을 들으면서 하나님을 생각했습니다. '내가 인생의 길을 걸어 가다가 넘어질 때에 어쩌면 이 중국 선수의 어머니처럼 우리 하나님도 내게 말씀하지 않을까! 나는 너

에게 꼭 일등을 기대하는 것은 아니란다. 네가 일어나는 모습이
내게는 더 아름답단다.'

　살다보면 우리가 넘어지고 쓰러지는 순간들이 있습니다. 그
러나 일어나는 모습을 보고 하나님은 빙그레 웃으면서 "일어나
는 네 모습이 더 아름답구나. 나는 네가 살아있고 존재하는 그
자체가 나에게 기쁨이란다. 너라는 존재는 나에게 소중한 기쁨
이란다" 라고 말씀하십니다.

# 세상에서 가장 위대한 발견

하나님이 세상을 이처럼 사랑하사 독생자를 주셨으니 이는 저를 믿는
자마다 멸망치 않고 영생을 얻게 하려 하심이니라 · 요한복음 3:16

유명한 스위스의 신학자였던 칼 바르트가 미국을
방문하던 날, 수많은 기자들은 그를 인터뷰하기 위해서 찾아왔
습니다. 그리고 이 세계의 위대한 신학자 칼 바르트에게 이런
질문을 던집니다.

"당신이 평생동안 신학을 연구하고 세계적인 신학자가 되면
서 발견한 가장 위대한 당신의 신학은 무엇입니까?"

이때 이 세계의 위대한 신학자는 뜻밖의 너무나도 단순한 말
을 해서 기자들을 놀라게 했습니다.

"하나님은 나를 사랑하셨습니다. 성경에 그것이 기록되어
있다는 사실이 내가 발견한 가장 놀라운 사실입니다." 그리고
찬송을 나즉이 읊조립니다.

날 사랑하심 날 사랑하심 날 사랑하심 성경에 써있네
(찬송가 411장)

하나님이 나를 사랑하셨다는 사실, 이것보다 나에게 위대한
발견은 없습니다.

 **43** 탐식의 비극

술 취하고 탐식하는 자는 가난하여질 것이요 ·잠언 23:21

토마스 커스틴이라는 역사물을 저술하는 작가가
유럽 벨기에 왕가의 흥망성쇠를 다룬 책을 썼습니다. 그 중 「3
명의 에드워드」라는 글이 있는데, 그 글의 주인공은 레이놀드
라는 왕자입니다. 이 레이놀드 왕자에게는 크라수스라는 별명
이 있었습니다.

그 뜻은 '뚱뚱한 것보다 더 뚱뚱하다' 는 뜻입니다. 이 사람
은 차기 왕이 될 사람인데 부왕이 갑자기 서거하자 그 동생 에
드워드가 쿠데타를 일으켜서 정권을 잡습니다. 그리고 형 레이
놀드를 유커크라는 성에 가두게 됩니다.

그런데 재미난 것은 정권을 잡은 동생 에드워드가 형을 절대
로 죽이지 않겠다고 약속하면서 감옥을 비교적 아담하게 꾸며
살기 좋은 방으로 만들어주었습니다. 그리고 감옥에 작은 창문
하나를 만들어주고 형에게 이렇게 말합니다.

"형이 원하면 언제든지 창문으로 나갈 수 있고 그래서 자유
인이 되실 수 있습니다. 그런데 문제는 그 창문이 아주 작다는
것입니다. 몸무게를 줄여야만 그 창문 바깥으로 나가서 자유인
이 될 수가 있습니다."

왕이 된 동생 에드워드는 신하들을 모아 놓고서 이렇게 말합

니다.

"만약 형이 몸무게를 줄여서 저 창문을 나올 수가 있다면, 형은 대단한 의지를 가진 사람으로서 자신을 잘 관리하는데 성공한 사람이다. 그렇다면 나는 기쁘게 내 형에게 왕의 자리를 양위하겠다. 그러나 나오지 못한다면 자기 몸무게 하나 콘트롤할 수 없는 사람인데 어떻게 나라를 다스리겠는가! 내 결정이 옳다고 생각하지 않느냐."

그리고 감방을 지키고 있는 경비병에게 매일 하루 세 끼씩 산해진미의 음식을 형이 있는 감방에 제공하라고 합니다. 그리고 원하면 언제든지 간식을 풍성하게 먹을 수 있도록 배려했습니다.

그 후 어떻게 되었을까요? 감옥에서 나왔을까요? 못 나왔을까요? 거의 10년 동안 나오지 못했습니다. 10년 후에 그 동생 에드워드가 전쟁터에서 전사하게 되는데 그때에야 그 형은 자유인이 됩니다.

그러나 나오자마자 자기 몸을 관리하지 못한 그 형은 병들어 죽고 말았습니다. 이 레이놀드라는 왕자의 비극, 이것은 그가 왕위를 찬탈당하고 감옥에 들어간 한 나라의 역사적인 한 인물

의 비극을 말하고 있는 것이 아니라 그가 한평생 탐식이라는 유
혹을 콘트롤하지 못하고 탐식의 감옥에서 살다간 사람의 비극
이라고 할 수 있습니다.

✛✛✛✛✛✛

세상풍자

한강에 국회의원과 수녀가 빠졌는데 119구조대원
이 오더니 국회의원만 건져내더랍니다.

그래서 사람들이 이렇게 물었습니다.

"아니, 거기 수녀님도 빠졌는데 수녀님은 놔두고
어떻게 국회의원만 건져냅니까?"

그랬더니 구조대원이 대답했습니다.

"국회의원을 그대로 놔두면 한강 물이 오염되기
때문입니다."

# 내 안에 불꽃을 발견하라

그의 사역자들을 불꽃으로 삼으시느니라 하셨으되 ·히브리서 1:7

매튜 폭스의 글에 이런 말이 있습니다.

"게으름을 치유하는 처방은 부지런함이 아니다. 게으름을 치료하는 처방은 단순히 '부지런해지자' 라는 결심만으로 되지 않는다."

그는 이렇게 말합니다.

"게으름에 가장 적절하고 유일한 처방은 당신 안에 있는 불꽃을 발견하는 것이다(Finding the fire within)."

게으름의 처방은 우리 안에 있는 불꽃을 발견하는 것입니다. 그는 바로 이 불꽃을 소명이라고 말하고 있습니다. 내 속에서 일어나는 불꽃, 소명이란 무엇입니까?

소명이란 하고 싶은 일입니다. 내가 정말 하고 싶은 일, 또 마땅히 해야 할 일 그래서 하나님이 그것 때문에 나를 이 땅에 태어나게 하신 것입니다. 내가 하고 싶은 일, 내가 마땅히 해야 할 일 그리고 할 수가 있는 일, 그것이 바로 소명입니다. 사람이 소명을 발견하면 신바람이 나고 일할 수밖에 없습니다. 다만 소명 없는 것이 문제입니다.

## 내가 되면 된다

우리에게 주신 은혜대로 받은 은사가 각각 다르니 · 로마서 12:6

만약 미국에 살고 있는 흑인들에게 가장 존경하는 사람이 누구냐고 묻는다면 틀림없이 두 사람의 이름이 나올 것입니다. 한 사람은 유명한 민권 운동가인 마틴 루터 킹 목사님이고 또 한 사람은 말콤 엑스라는 사람입니다. 말콤 엑스라는 영화도 나왔었습니다. 이 말콤 엑스의 전기를 읽다보면 비교의식이라는 것이 얼마나 무서운가를 알게 됩니다.

이 사람은 어렸을 때 흑인으로 태어난 것이 너무 원망스러운 나머지 마음에 백인을 향한 증오심이 자라기 시작했습니다. 그런데 재미있는 것은 백인을 미워하면서 이 사람의 마음 깊은 곳에서는 백인이 되기를 소원하는 것이었습니다.

그래서 백인을 미워하면서도 백인이 되고자 어렸을 때부터 비누, 스킨, 크림 등을 사다가 그냥 계속 자기 피부를 문질러댔습니다. 그는 좀더 백인처럼 하얗게 되지 않을까 해서 별별 짓을 다해보았습니다.

그런 어느 날 말콤 엑스는 중요한 사실을 깨닫게 됩니다. 그것은 바로 자신이 결코 백인이 될 수 없다는 것입니다. 그렇다면 자신은 철저한 흑인이어야 한다고 생각했습니다. 그리고 더 중요한 발견을 했습니다. 그것은 까만 흑인도 나름대로 아름다울 수 있다는 사실입니다. 그의 새로운 의식의 전환은 그로 하여금 흑인의 영웅과 지도자로 떠오르는 존재로 만듭니다.

또한 흑인 사회 가운데 이런 말을 유행시킬 정도가 됩니다.

"검은 것은 아름답다." (Black is beautiful)

내가 가진 독특한 아름다움이 있다는 말입니다. 내가 가진 독특한 은사가 있고 나만의 재능이 있기 때문에 그것을 가지고 내 인생을 살면 되는 것입니다. 우리가 굳이 다른 사람을 질투하고 시기할 아무런 이유가 없습니다. 나는 내가 되면 되는 것입니다.

# 지칠 줄 모르는 자아도취

두렵건대 네 마음이 교만하여 네 하나님 여호와를 잊어버릴까 하노라
· 신명기 8:14

       교만은 일종의 자기 숭배의 죄악이라고 할 수 있습니다. 누군가가 교만을 정의하기를, '교만이라는 것은 자기 자신만이 즐길 수 있는 병이다' 라는 아주 재미있는 말을 했습니다.

   15세기 설교자 중 사보나 롤라라는 사람이 어느 날 아침에 산책을 하다 보니까 성당 마리아 상 앞에서 어떤 꽤 나이가 들어보이는 부인 하나가 경건한 모습으로 참배를 하면서 아주 진지하게 기도하고 있는 모습이 보였습니다. 그 이튿날도 똑같은 시간에 그 부인이 와서 기도를 합니다. 그는 비가 오나 눈이 오나 바람이 불어도 봄, 여름, 가을, 겨울을 한결같이 같은 시각에 와서 마리아 상 앞에 참배하는 이 부인을 보았습니다. 그 모습에 그는 아주 깊은 감명을 받으면서 속으로 '아주 신앙심이 귀한 분이로구나' 라고 생각했습니다.

   그러던 어느 날 이 사보나 롤라는 자기 동료사제와 함께 산책하다가 그 부인을 가리키면서, "여보게 내가 저 부인을 가만히 관찰해 보니까 봄, 여름, 가을, 겨울 변함이 없소. 눈이 오나 바람이 부나 폭풍우가 몰아치나 똑같은 시간에 와서 저렇게 기도를 한단 말이야. 참 신앙심이 유별하지?' 라고 말했습니다.

그랬더니 옆에 있던 사제가 껄껄 웃으면서 이렇게 말합니다. "자넨 모르는가 보네. 옛날 이 성당에 마리아 상을 처음 조각할 때, 그 조각가가 마리아 상의 모델로써 저 부인을 뽑았다고 하네. 바로 저 부인은 처녀시절에 마리아 상의 모델이 되었고, 조각이 완성된 그 다음 이튿날부터 출근해서 지금까지 한번도 빠진 일이 없다네."

　그 부인은 자기를 숭배하고 있었던 것입니다. 마리아 상을 보면서 그 부인은 자신의 얼굴을 회상하고 만족하며 자기를 숭배하고 있었던 것입니다. 그것이 바로 원죄의 뿌리입니다.

# 20세기의 기적

너는 마음을 강하게 하고 담대히 하라 그들을 두려워 말라 그들 앞에서 떨지 말라 이는 네 하나님 여호와 그가 너와 함께 행하실 것임이라 반드시 너를 떠나지 아니하시며 버리지 아니하시리라 하고 ·신명기 31:6

저는 여러 해 전에 유럽을 방문했다가 독일에 있는 선교사님 한 분을 만났습니다. 그 분은 독일에 주둔하면서 공산주의가 팽배한 동구권에 들어가서 성경을 전달하고 전도하는 일을 하셨던 선교사님이셨습니다.

늘 성경을 숨겨서 들어가고 전달하는 일을 했는데, 이 분이 한 번은 기도하다가 이런 생각이 들었습니다. '내가 하나님의 일을 하는데, 좀 당당하게 성경을 가지고 들어갈 수 없나.' 그래서 보통 때는 007작전처럼 성경을 숨겨서 들어가는 작전을 했는데, 기도가운데 담대함이 생겨 배짱 좋게 가방에 성경을 잔뜩 집어넣고, 헝가리 쪽으로 들어갔습니다.

경계선상에서 세관을 통과하는데, 세관원이 이렇게 물었습니다. "신고할 물품이 있으십니까?" 그래서 처음으로 "예, 있습니다" 라고 대답했습니다. "뭡니까?" 라고 묻는 세관원의 물음에 선교사님은 가방을 열면서 "성경입니다" 라고 말했습니다. 그랬더니 세관원이 눈이 동그래지면서 "이것이 왜 신고할 물품입니까?" 라고 물었습니다. 선교사님이 "이게 워낙 비싸서요" 라고 말하자 "얼마나 비쌉니까?" 라고 되묻습니다.

그때 선교사님은 침착하게 "이건 너무 비싸서 돈으로 환산

할 수 없습니다. 왜냐하면 이 책에 있는 메시지는 사람들에게 영원한 생명을 주고, 평화가 없던 사람들에게 평안을 주고, 죄속에 빠져있던 사람들에게 용서와 구원을 주는 말씀이 이 안에 들어있기 때문입니다'라고 당당하게 전했습니다. 그러자 세관원은 "그 책 나 하나 주시오"라고 하면서 나머지는 그냥 들고 들어가라고 했습니다.

할렐루야! 이 분이 막 들어갔다가 나와서 저를 만나자 흥분된 어조로 "목사님, 기적은 20세기에도 가능하다는 사실을 체험했습니다'라고 말합니다.

여러분, 기적이 20세기에도 가능하다는 것을 믿으십니까? 그러나 그것은 아무에게나 가능한 것은 아닙니다. 참으로 주의 말씀을 순종하고자 할 때 그 기적은 지금도 가능합니다.

# 48 순종의 대가

너희가 즐겨 순종하면 땅의 아름다운 소산을 먹을 것이요  · 이사야 1:19

제가 체험한 기적같은 이야기입니다. 부산 시내가 생긴 후 처음으로 청년 대집회를 여는데, 제가 마지막 날 저녁 메시지를 맡게 되었습니다. 그래서 저희 교회 세미나를 마치고 서둘러 공항에 갔습니다. 그런데 부산으로 가는 비행기가 모두 취소되었다는 것입니다. 그 이유는 김해공항의 비와 안개 때문이었습니다. 카운터에서는 40~50분 후에 혹시 늦게 비행기가 뜰 지도 모른다고 했습니다. 그래서 저는 일단 할 수 없이 1시간 정도를 기다리기로 했습니다. 그러나 시간이 지나도 비행기는 떠날 기미를 보이지 않았습니다.

그래서 부산에 전화를 걸어 "비행기가 못 떠난다고 하는데 어떻게 할까요?" 라고 했더니, 그쪽에서는 "목사님, 수단과 방법을 가리지 말고 오십시오. 5천명의 젊은이들이 기다리고 있습니다" 라고 하는 겁니다. 저는 난감하기만 했습니다.

아시아나항공과 대한항공에 번갈아가면서 비행기를 알아보았지만 헛수고였습니다. 김해공항 뿐만 아니라 울산, 포항비행장 모두 취소되어 있었습니다. 다급해진 저는 다시 부산에 전화를 걸었지만 수단과 방법을 가리지 말고 오라고만 하는 것이었습니다. 저는 "제 수단과 방법이 다 떨어졌습니다" 라고 말해보았지만, 부산에서는 "목사님, 그러면 택시라도 타고 오세요. 어떤 택시는 3시간 30분이면 도착한다고 합니다" 는 것입니다.

그 때가 5시가 다 되어가는 시간이었는데 공항 밖으로 나가 택시 기사에게 물었습니다. "3시간 30분이면 부산에 갈 수 있습니까?" "아저씨, 이렇게 비가 오는데 어떻게 갑니까? 최소한 5시간은 걸립니다." 그러면 10시가 넘어야 부산에 도착하는데 그때는 이미 집회가 끝날 시간이라 가야 소용이 없을 것 같았습니다.

그래서 다시 전화를 걸어 형편이 이래서 도저히 못 갈 것 같다고 말했더니, 또 다시 수단과 방법을 가리지 말고 오라는 것입니다. 저는 "이제 정말 불가능해요" 라고 답했습니다.

사실 그때 제 마음에서는 가지 않았으면 좋겠다고 생각했습니다. 사흘 동안 교회 세미나 때문에 너무나 피곤했기 때문입니다. 그러나 부산에서는 막무가내로 오라는 것이었습니다.

그때 다시 공항 카운터에 가니까 진주로 가는 비행기가 6시에 있었습니다. 그래서 "진주에서 부산은 얼마나 걸립니까?" 라고 했더니, 2시간 정도 걸리지만 보통 차가 밀려서 3시간 정도 걸린다고 했습니다. 다시 부산에 전화해서 상황을 말했더니, 늦

게라도 오시면 준비위원들이 살 것 같다고 하기에 어쨌든, 6시에 진주로 가는 비행기를 탔습니다.

비행기 안에서 저는 이런 생각을 했습니다. '하나님 뜻이 있겠지. 하나님, 저는 모르지만 부산 집회에 대한 하나님의 뜻이 있다면 하나님 뜻을 이루어주십시오.' 그리고 진주에 7시 10분쯤 도착해서 택시를 잡으려고 하는데, 갑자기 엥~하면서 경찰차가 오더니 "이동원 목사 계십니까?"라며 저를 찾았습니다. 그래서 "접니다"라고 했더니 타라는 것입니다. 부산 KBS 홀까지 모셔오라는 명령을 받았다는 것입니다. 그 경찰차는 고속도로 순찰차였는데, 8시 45분에 저를 모임 장소까지 데려다주었습니다.

제가 도착하니까, 모두들 박수를 치고 난리가 났습니다. 제 평생에 그런 박수를 받은 것은 처음이었습니다. 준비위원이 "목사님, 10시까지만 이 홀을 사용하게 되어있기 때문에 꼭 30분 동안만 설교가 가능합니다"라고 하더군요. 저는 제 생애에 가장 먼 거리에 가서 가장 짤막한 설교를 했습니다.

그러나 놀라운 일이 벌어졌습니다. 젊은이들이 짧은 설교 속에서 얼마나 그렇게 격정적으로 반응하는지, 선교사로서의 부름에 초청하자 절반 이상이 반응을 보였습니다. "혹시 여러분 가운데 예수 그리스도와 상관없이 살아왔던 사람들, 그리스도 앞에 인생을 드리고 주님을 만나길 원하는 사람들 한번 일어나 보십시오"라고 하자, 굉장히 많은 젊은이들이 일어났습니다.

하나님께서는 이 집회를 하나님의 뜻 가운데 계획하셨지만, 사탄은 이 집회를 막고, 강사가 오지 못하도록 했던 것입니다. 그러나 하나님은 드디어 성령으로 역사하셨습니다. 수많은 젊은이들이 그의 생애를 바치는 놀라운 장면을 보고 저는 회개하지 않을 수 없었습니다.

순종은 언제나 기적을 가져옵니다. 우리가 삶에서 말씀을 믿는 것도 중요하지만, 그 믿음보다 더 중요한 것은 이 말씀을 믿고 그대로 살기로 순종하는 것입니다.

색 인